U0856912

柏杨
的人生智慧

柏杨经典语录

1. 任何崇高的道德行为，都含有自我牺牲的因素，删除了自我牺牲，固没有孝道，也没有厚道，而且没有了爱。道德就成了一句空话。
2. 必然自强，才能自尊。必然自尊，才有互尊。
3. 一个人生活在世上，就好像水泥搅拌器里的石子一样，运转起来之后，身不由己。
4. 一个人的欲望，如果只是追求金钱或权势，他便永不能满足，而不满足便不能快乐。
5. 一个忘恩负义的人，最大的罪恶不是他忘恩负义，而是那种使人寒心的影响，这种影响使世人对善良的人性失去信心，因而窒息社会上蓬勃的朝气，呜呼。
6. 沾沾自喜和浮夸肤浅，只要使一个人陶醉在自己的影子里，惹人生厌生畏，自己却再不能吸收任何新东西，再没有长进矣。
7. 一个人的悲剧，往往是个性造成，一个家庭的悲剧，更往往是个性的产物。
8. 要别人看得起，就要具备别人看得起的条件。要别人尊重，就要有被尊重的表现。只怪别人掩鼻，却不医治自己的口臭，结果只有更增加别人的厌恶。
9. 嗟夫，嫉妒是一种强烈的感情，一旦发动，就如痴如狂，如聋如盲。嫉才更是千古以来最大的丑剧，也是最大的悲剧。
10. 一个人如果是强者，如果上进，如果努力，他就不容易嫉妒，至少不至于妒得一发不可收拾。而这有赖于读书、思考。

李世化◎著

柏杨的人生智慧

图书在版编目（CIP）数据

柏杨的人生智慧/李世化著. --北京：企业管理出版社，2014.7

ISBN 978-7-5164-0893-3

Ⅰ.①柏… Ⅱ.①李… Ⅲ.①柏杨(1920~2008)-生平事迹 Ⅳ.①K825.6

中国版本图书馆CIP数据核字(2014)第133801号

书　　名:柏杨的人生智慧
作　　者:李世化
责任编辑:杨苏敏
书　　号:ISBN 978-7-5164-0893-3
出版发行:企业管理出版社
地　　址:北京市海淀区紫竹院南路17号　　邮编:100048
网　　址:http://www.emph.cn
电　　话:总编室68701719　　发行部68467871　　编辑部68701408
电子信箱:80147@sina.com　　zbs@emph.cn
印　　刷:天津冠豪恒胜业印刷有限公司
经　　销:新华书店
规　　格:170×240毫米　　16开本　　12印张　　150千字
版　　次:2014年7月第1版　　2019年3月第2次印刷
定　　价:45.00元

前言

当满眼的喧嚣掩盖不住寂寞，当尘世的忙碌扰乱了人心，当纷乱的人潮吞没着情感，当荒芜的夜色荼毒了真实，当迷乱的我们失去了眼中的华彩而陷落迷津的时候，有一位可爱的老人，叹息着伸出双手，从容地拉起一个个即将落入深渊的青年。

叹息中，多少无奈，多少怜爱，多少痴情；

叹息中，多少疲惫，多少训斥，多少期盼。

或许人生都会有重新来过的机会，可是谁会愿意像他那样，一生辛苦只为唤醒沉沦，只为划破黑暗，如鱼儿渴望清泉般搜寻温暖和明媚阳光？

历史，梦境，生活；

道德，风骨，品行；

人情，世事，学问；

红尘，男女，婚姻。

有谁能像他那样看得明白，悟得透彻，讲得清晰？

有谁能像他那样义正辞严，敢冒天下之大不韪也要将真相昭然于世？

还好，上帝并没有遗弃我们而及时赐予了我们一个柏杨。

“真实就在那个布满文字的面具后面。”他悄声说。

天地也要颤抖，风云也开始变色，若干禁锢人性的理论绝望地在理性双眼的漠视中开始崩溃、塌陷。清朗开始重现，而我们则是有幸最早看到真正风光明媚的人。

如果是盘古破开鸿蒙，那么柏杨先生就是他用来开天辟地的那把巨斧。

他锋利、坚硬、刚直、固执。

他愿以自己的身躯去破开混沌，劈开一切阻挡生命萌发的东西。

这就是永远以关怀人类为终生理想的柏杨。

柏杨，原名郭衣洞，台湾著名作家。1920 年生于河南开封。他一生学贯古今，著述丰厚。初涉文坛，即立志以关怀人文作为自己的追求，凭着一身肝胆，用犀利的文字讥讽浑浊的时代和蒙昧的时局，以英勇的斗士姿态横空出世，震惊东西寰球。他平和，他骄傲，他自得。

他握着勇士的笔，以最无私的心情来指点越来越富足却越来越迷茫、恐惧、丢失自我的人们。

他的快乐在于剖析，他的伟大在于关怀——关怀尘世，关怀平平常常的男女。

若是妙笔能生花，那么柏杨先生笔尖流动着的一定是一朵玫瑰，开得繁盛，艳若明霞，却有满身锋利的尖刺。不过，他以美丽芳香征服了世界。

只要丑陋还未消失，柏杨就一定存在，或者还有第二个，第三个……

让我们谨以恭敬的姿势，以钦佩的态度去翻开这部薄薄的小书，细心地聆听柏杨先生最动人的智慧和情怀。

目 录
PREFACE

第三章　动人春色不需多——柏杨的尘世凡心

第四章　梅子黄时爱意萌——柏杨的情爱天空

第五章　世事洞明皆学问——柏杨的处世学问

第六章　一花一物总关情——柏杨的智慧情丝

第七章　松下清斋折露葵——柏杨的精神旷野

第八章　大江东去我独行——柏杨的历史胸怀

第一章

江水清清江水平——柏杨的灵透世界

开心地迎接好习惯

> 使一个人道德堕落，生活腐烂，非完蛋不可的，有四种玩意儿，曰“吃喝嫖赌”，文艺一点的说法，则是“声色犬马”，不要以为吃吃没有关系，盖有吃就有喝，有喝就有嫖，有嫖就有赌。本质上有其连锁性，要出笼就一齐出笼。
>
> ——柏杨《酒的诱惑》

不是我不明白，是这个世界变化太快。既然有了改变，就要去顺从，既然要顺从，就不免稀里糊涂地将好坏一起收纳，使我们的人生从此风雨交加。

有些东西就是要不得，比如小偷偷来的赃款，它会使你走上犯罪道路；有些习惯就是沾染不得，比如毒品，它会让你倾家荡产。聪明人会在习惯蠢蠢欲动将要找上门来时去观察，先经过一番深彻的考察研究，然后伸出手做个 OK 的姿势或者鄙夷地“呸”一声潇潇洒洒扬长而去。只有笨得不可救药的倒霉蛋儿，还蹲在那里享受着。柏杨先生除了因为宝贝女儿佳佳喜欢闻自己身上的烟味而甘愿当个不太合格的“瘾君子”外，生活上几乎没有坏习惯。当然，他最好的习惯还是读书。

柏杨先生在“大力水手”冤案酿成后被判刑十二年，他在狱中被指派的工作是在监狱图书馆管理图书。他与囚犯丘延亮两人共同管理两千多册各类图书。柏杨一头钻进书堆里畅游，一可解除知识饥渴，二可填补精神空虚。柏杨先生此生为学历所困，但他却自始至终都不曾放弃，都在追逐知识，所以才能成为学识渊博的作家。难道不是吗？当别人都在为冤案而消沉痛苦的时候，柏杨却仍抓紧时间学习，以期希望的来临。

这批图书中有一套难得的书，即宋朝司马光著的《资治通鉴》。这套书成了柏杨最喜爱的精神食粮，后来更成了柏杨历史类著作的著述之母。柏杨读完这套书之后，在狱中便开始了他的第一部著作——《中国历史年表》的创作。这部著作完成后，紧接着他又创作了《中国人史纲》和《中国帝王皇后亲王公主世系录》。

可见，无论在怎样悲惨恶劣的条件下，人们养成的好习惯都会促使他们走向成功。

柏杨先生还告诉我们，坏习惯只要一沾身，就有摆脱不掉的可能，而且还会愈演愈烈，使一个天真无邪少年成为一个“几毒俱全”的废人，最终走向凄风惨雨的不归路。可见，好习惯和坏习惯都能给人带来重大的影响，只不过前者能使我们前程似锦，后者却把我们带进人生的死胡同。

梁实秋曾经在他的《养成好习惯》一文里郑重指出了习惯的重要性。他说，人的天性大致是差不多的，但是在习惯方面却各有不同，习惯是慢慢养成的，在幼小的时候最容易养成，一旦养成之后，要想改变过来却还不很容易。

比如，清晨早起是一个好习惯，这也要从小时候养成，很多人从小就贪睡懒觉，一遇假日日上三竿还高卧不起，平时也是不肯早起，往往蓬头垢面地就出门，结果还是迟到。这样的人长大了之后也常是不知振作，多半不能有什么成就。祖逖闻鸡起舞，每天鸡鸣后就起床练剑。春去冬来，寒来暑往，从不间断。在这种习惯的带动下，功夫不负有心人，终于成为能文能武的镇西大将军，实现了他报效国家的愿望，也成了有志之士的榜样。

大声讲话，扰及他人的宁静，是一种不好的习惯。我们检讨一番，在别人读书工作的时候是否有过喧哗的行为？我们要随时随地为别人着想，维持公共的秩序，顾虑他人的利益，不可放纵自己，在公共场所人多的地方，要知道依次排队，不可争先恐后地去乱挤。

时间即是生命。我们的生命一分一秒都在消耗着，我们平常不大觉得，细想起来实在值得警惕。我们每天有许多的零碎时间于不知不觉中浪费掉了。我们若能养成一种利用闲暇的习惯，一遇空闲，无论时间多么短暂，都利用它做一点有益身心之事，则积少成多，终必有成。陆放翁有句诗云："待饭未来还读书。"古人也有所谓"三上之功"，即枕上、马上、厕上，虽不足为训，其用意是在劝人不要浪费光阴，养成珍惜时间的好习惯。

吃苦耐劳是我们这个民族的标志。古圣先贤总是教训我们要能过得俭朴的生活，所谓"一箪食、一瓢饮"，就是形容生活状态的极端艰苦，所谓"嚼得菜根"，就是表示一个有志之人能耐得清寒。恶衣恶食，不足为耻，丰衣足食，不足为荣，这在个人之修养上是应有的认识。罗马帝国全盛时曾有一位皇帝，他从小就摒绝一切享受，从来不参与当时风靡全国的赛车、比武之类的娱乐，终成为一位严肃的苦修派哲学家，而且也建立了不朽的功勋，这是很令人钦佩的。

以上数端不过是偶然拈来，好的习惯千头万绪，"勿以善小而不为"。习惯养成之后，便毫无勉强，临事心平气和，顺理成章。充满良好习惯的生活，才是合于"自然"的生活。

这种“自然”，就是可以助你从“无知”的状态走向“有知”，从“空虚”走向“充实”、从“人道”走向“王道”的开始，更是成就功业的序幕。所以，请让我们开开心心地迎接好习惯，成就自己。走好这一步，人生将会大不相同。

玩嫉妒就是在玩火

> 我们说妒是万恶之首，还不太中肯，因“套作”的缘故，受模子之限，施展不开，实际上妒不仅是万恶之首而已，简直是万恶之源，不要说染上了一点，就是望一眼都能使人发癫。
>
> ——柏杨《万恶之源》

谈起欲念，因“他有而我无”引起的嫉妒为万恶之首，痛苦之源。不是吗，吕后因嫉妒戚夫人及其子如意，不惜鸩杀刘邦的亲骨肉，将戚夫人变成求生不得求死不能的人彘，导致吕后自己的亲生儿子也因此吓出了大病，骂她不是人。后来一个比她还厉害还有眼光有谋略的女人武则天也效仿她，把情敌王皇后、萧淑妃如法炮制，令人发指。嫉妒使她们视人命为儿戏，其邪恶的力量真是不可忽视啊！

可以说我们每个人的身上都寄生着嫉妒，不管是伟人还是凡人。

大凡古今能妒者，基本上都少有好下场的，隋炀帝因嫉才妒能，招致群臣离心离德而覆亡；杨秀清因权欲熏心，嫉妒洪秀全和众亲王，想夺天王之位，最后被杀……就算能活着走到尽头，恐怕也没有一个能心情舒畅地离去，到最后也是受尽嫉妒别人的痛苦，死都不能解脱。

若你搞不清楚自己是否在嫉妒，可以看看柏杨先生为你列出的病理分析，可一一对照之。

“女人看到漂亮的女人而赞美之，是爱慕；一声不响，闷在心里生暗气，或用三角眼猛觑，则是嫉妒。男人看见辛苦耕耘的朋友升了迁或发了财而贺之，是爱慕；用鼻孔嗤出声音，或拍大腿曰：‘他真行，会拍，会吹。’则是嫉妒。学者专家，对同行的学术理论成就，虽不赞成，但仍佩服他的耕耘，是爱慕；说他旁门左道，不过是算卦的，因而剔除了他的研究费，则是嫉妒。作家们瞧别人的作品受到广大读者欢迎，欣然而喜，是爱慕；而暗下毒手，说他专门跟人轧姘头，或直向警备司令部和调查局报案，说他思想有问题，则是嫉妒。学生老爷看见同班同学考取了大学堂，或出了国，感到与有荣焉，是爱慕；而以对方名字写封信给学堂，声明放弃学籍，放弃奖学金，则是嫉妒。当长官的看见部属名满天下，受人尊敬，喜形于色，是爱慕；而怒火高涨，认为他侵犯了自己的光彩，遇事找点小麻烦，板板脸，以便叫人瞧瞧到底谁伟大，则是嫉妒。大家都做生意，人家生意奇好，自己虚心讨教，是爱慕；而说对方货物全是走私进来的，则是嫉妒。”（柏杨《努力猛哼》）

先辈有云：“见人有得意事，便当生欣喜心；见人有失意事，更当生怜悯心。”若有一念嫉妒，则见人有得，如己有失；见人有失，如己有得。嫉妒之心宛如一把利刃，譬如见到别人有什么胜过自己的，例如钱财多、地位高，或名誉、学问等，内心便自然而然地生起了嫉妒，且如刀割自己身体般的难受，嫉妒心之可怕，由此可知。（许添诚《金刚经持验录》）

并且，嫉妒心一起，注定害人害己。就算打击了被妒之人，获得一时快感，但最终或失人意众叛亲离，或失臂膀无依无靠，反正都是心身上的双重煎熬。

嫉妒，不仅给他人带来痛苦、损害和灾难，而且对自己也是有害的，所以古希腊哲学家德谟克利特说：“嫉妒的人常自寻烦恼，他是他自己的敌人。”嫉妒心强的人，一般自卑感较强，没有能力、没有信心赶超先进者，但却又有着极强的虚荣心，不甘心落后，不满足现状，所以看到一个人走在他前面了，他眼红、痛恨；另一个人也走在他前面了，他埋怨、愤怒、说三道四；第三个人又走在他前面了，他妒火上升、坐立不安……一方面他要盯住成功者，试图找出他们成功的原因；另一方面嫉妒又使得他心胸狭窄，戴着有色眼镜去看待别人的成功，觉得别人成功的原因似乎都是用不光彩的手段得来的。因而便想方设法去贬低他人，到处散布诽谤别人的谣言，有时甚至会干出伤天害理的事情来。这样做的结果，不但伤害了别人，同时也降低了自己的人格，毁掉了自己的声誉，事后又难以避免地陷入自愧、自惭、自责、自罪、自弃等心理状态中，为此夜不成眠，昼不能安，自己折磨自己。

嫉妒心强的人，时时刻刻绷紧心上的一根弦，总是处于紧张、焦虑的戒备状态和乌云压顶的窒闷烦恼之中。他们不能平静地对待外界和他人，也不能理智地对待自己。他们对比自己优秀的人总是怀着不满和怨恨之情，对比自己差的人又总是怀着唯恐他们超过自己的恐惧之心。

因此他们终日惶恐不安，心理压力很大，活得很累。嫉妒和猜忌有不解之缘，有猜忌必有疑心，有疑心必然胡乱猜测、自寻烦恼和痛苦。在某种程度上，可以说嫉妒者到处寻找刺激，到处寻找怨恨，到处寻找包袱。

嫉妒会让人一生碌碌无为。嫉妒的受害者首先是嫉妒者自己。莎士比亚说得很确切：“嫉妒是绿眼的妖魔，谁做了它的俘虏，谁就要受到愚弄。”嫉妒者经常处于愤怒嫉恨的情绪中，势必影响自己的学业、工作和生活。生气是用别人的错误来惩罚自己，嫉妒却是用别人的优点和成就来折磨自己。自己不上进，恨别人的上进；自己无才能，恨别人有才能；自己无成就，恨别人获得了成就。这是一种怎样的心理啊！嫉妒者的光阴和生命就在对他人的怨恨中毫无价值地被消磨掉、浪费掉，到头来两手空空，一事无成。为什么要这么说呢？你想，一个人的精力无论到何时都是有限的，就像是多大碗能盛多少水一样，若是一天到晚把心思都放在嫉妒别人上，哪里还有时间来考虑自己的人生和自己的将来呢？

俗话说："世上本无事，庸人自扰之。"嫉妒者都是庸人，他们自己给自己制造烦恼、痛苦和思想包袱；他们自己给自己制造"敌人"，树立对立面；他们自己给自己制造不平静，制造绊脚的石头和泥沟。所以，嫉妒者都是无事生非和无事自扰的庸人。

要避免和克服嫉妒，重要的一条是期望值不要过高。想事事都超过别人，事事都优越于别人、比别人强，是不可能的，也是办不到的。那种不切实际的奢求、过高的期望，往往不仅不能达到，反而容易产生嫉妒。每个人都要冷静而客观地衡量自己的主客观条件，掂一掂自己的分量，制定目标，力求从自己的实际出发，不可过高地要求自己。当经过努力达不到既定目标时，不要气馁，更不要嫉妒达到目标的人。要认真地总结经验教训，把目标修订得更切合实际一些，使自己稳步、踏实地前进，切不可对超过自己的人嫉妒起来。如果自己未达到目标，人家达到了，就嫉妒人家，做些有损他人的事，既对他人不利，对自己也无所补益。在嫉妒别人成功的愤懑情绪困扰下，必然踏步不前，甚至更加落后，原来可以达到的期望值，反而达不到了。所以，嫉妒别人的结果，倒是害了自己，误了自己的大事，这岂不是太愚蠢吗？

另外，少一分虚荣就少一分嫉妒。虚荣心是导致嫉妒心理产生的重要原因。虚荣心强的人如果看到别人在某件事上比自己强，就会产生嫉妒。他们死要面子，追求虚假的荣誉和别人的尊敬，不愿意别人超过自己，以贬低别人来抬高自己。因此，在生活过程中，最好不要盲目攀比。鼓起勇气努力去充实自己，完善自己以期能赶上、超越曾经的对手才是正途。世界上原本就有得意人生和失意人生，而最好的选择就是随意人生，随心随意，随遇而安。

如果你觉得自己是最幸运的，那倒真有可能，因为幸运只是一种自己的感觉，但你千万别以为自己是世界上最不幸的，无论你多么的不幸，总会有比你更不幸的人。劝慰和开导会使自己轻松很多，无形之中稀释了嫉妒的浓度。当你被嫉妒的恶魔缠绕时，如果一时找不到知己，另一个好办法是通过转移注意力摆脱产生嫉妒的心境，如去参加劳动、去锻炼身体或唱唱歌、跳跳舞；做自己喜好的活动，如绘画、钓鱼、下棋、旅游等；还可以去大自然里散散步，或找个没人的地方大哭一场。这些都可以冲淡内心的怨恨情绪，使嫉妒心理得到情绪上的宣泄。

所以聪明的人一旦发觉自己有了嫉妒之心，会立即刹车，先规规矩矩地自责一番，打消冒出来的种种恶意念头，然后把嫉妒化为向他人学习的不竭动力，乃至有所成功，超越曾经的对手。这难道不是一件很令人振奋的事情吗？

宠辱皆忘方是真性情

棋品应该是指“人”的品，也就是下棋的品行——下棋的风度。古人云：“胜固可喜，败亦欣然。”应是最高一等，用牌品来说明之，就更可一目了然矣。

——柏杨《心战》

人心总是易为外物所动。所以，虽然先贤们早已淡若地提出“不以物喜，不以己悲”的豪言壮语，可是做得到的，究竟能有几人呢？

整日里说自己无论得失成败都无所谓，有官做便做得，无官做就回家养鸟种花的人必不是真君子。君子不为外物所累，哪管什么有的做没的做，哪管什么种花种草还是栽培红薯呢？而那些没事总表达自己豁达和清高的人心里有鬼，生怕人家“误会”他舍不得那厚禄高官、美女豪宅似的，那就是欲盖弥彰，其品格风骨自是略低一等了。

其实人品和棋品一样，只消些许来回，你就能看得出这个对手是个性情高洁的奇人异士还是徒有其表的伪善小人了。正如柏杨先生说，执子之间，往来回手之时，“胜固可喜，败亦欣然”，宠辱皆忘才是最上乘的品质，具有这种品质的人才是最可交的朋友。

人一生中地位总会发生变化，宠辱也是无常。受辱之时，要勇于忍。一是不怕耻辱，有很强的心理承受能力。二是受辱之后要能耐受，忍对他人对自己的污辱和欺侮，不怒、不愤、不争、不仇，以一种平静的心态对之，使污辱你的人自讨没趣。三是受辱之后，不是不以为然，而应该用积极的行动去洗刷耻辱。四是忍辱者地位转变之后，对于强加给自己羞辱的人要善而待之，这才是你真的能忍辱的表现。

面对耻辱，能够坦然受之，固然让人佩服，但一个能忍受得住屈辱的人，却不一定能够在受到宠幸和获得荣誉之后，依然保持高风亮节，所以不少人反而因为荣宠过多而害其自身。

据《战国策》记载，公子牟在秦国游历，准备向东去，穰侯给他送行，临走时问：“您将要出行，难道就没有一句话来教导我吗？”公子牟说：“您如果不说，我差点忘了告诉您。您知道，官位不与势力相约，可是势力自己会来；势力不与富贵相约，可是富贵自己会来；富贵不与骄横相约，可是骄横自己会来；骄横不与死亡相约，可是死亡自己会来。”穰侯听了很受启发：“您说得好！我诚恳地接受您高明的教导。”

不少人难以忍受屈辱，一旦失败，一时受辱，回想起自己曾经的荣耀辉煌便不能平静，非要把心中的愤恨全部发泄出去。在条件不许可的情况下，这样做只能使自己遭受到更大的屈辱。试想，作为一个流民的韩信，连饭都吃不饱，如果不忍受那富家子弟胯下之辱，而只是激于义愤，一剑把他杀了，自己也要为他抵命，那就太不值得了。只有能够忍辱负重、轻视荣宠的人，才能成为一个真正的强者，一个成功者。

公元前221年，秦始皇吞并六国，一统天下。此时距荆轲刺秦王失败已经六年。六年来，秦始皇始终难以忘怀这件事，于是开始大规模地搜捕燕太子丹的门客和荆轲的朋友，这天降的横祸迫使他们纷纷逃亡。

荆轲的朋友，那个曾经在易水之旁为荆轲奏响慷慨的勇士之乐的高渐离，为躲避秦王的追杀，改换姓名，受雇于人做杂役。主人家堂上常常有客人击筑，高渐离彷徨不能离去，每每指点说哪儿好哪儿不好。主人听说后，召高渐离上堂击筑，满座皆称原来这个仆人有做音乐家的天分。

高渐离想，久隐贫贱之日没有尽头，于是退下，拿出匣中的筑，穿上见客的好衣服，再次上堂。举座皆惊，纷纷用平等的礼节迎接他，奉为上客。高渐离击筑而歌，满座宾客听后感动得无不流泪而去。

这一次现身，高渐离恢复了以往的名声，成为上流社会争相宴请的座上嘉宾。名声传到了秦始皇耳朵里，秦始皇也是一个音乐爱好者，明知道高渐离是荆轲的好朋友，是一个漏网的危险分子，还是把他召到了身边。

为了能安全地随时听到高渐离的筑声，秦始皇弄瞎了高渐离的眼睛，让他随侍身边。等到能稍稍离秦始皇近一点的时候，高渐离筑中置铅，再近一点的时候，高渐离举起灌满铅的筑扑向了秦始皇。像荆轲一样，盲眼的高渐离并没能扑杀秦始皇。高渐离隐忍数年，就是为了今日这毫无把握的一击。

引荐荆轲的田光先生曾经评价荆轲说："血勇之人，怒而面赤；脉勇之人，怒而面青；骨勇之人，怒而面白。荆轲，神勇之人，怒而色不变。"不知道满目黑暗的高渐离，当他举筑扑向秦始皇的一瞬间，是哪一种勇敢之人？

为人，要看淡成败，看轻宠辱，看透生死。否则难成大器，也难让已成大器的看中，愿以生命相托。

这不仅仅只是人品的问题，它也是性情，是胸怀，是你的智商和情商的绝美体现。

如果忍是为了出击，是为了搏到底，该是多么伟大的事。如果胜亦不骄，败亦不馁，那么意志就会在火与水的淬炼中凝成金刚。于是可以出宝剑，可以斩尽人间不平之事了。因此，忍是必要的。

天赋是成功的首要条件

我想，有些人天性近于做官，不妨去官坛上闯。有些人天性近于做生意，不妨去商坛上闯。有些人天性欢喜蹦蹦跳跳，不妨天天练之，以便去世界运动会上拿回几个金牌。有些人天性喜欢舞文弄墨，而且能跳出老套，不妨爬爬格纸。这不是说谁生下来脑袋上就刻了字，宣布他宜于做啥，兴趣固是慢慢培养出来的，不过既努力而又有天才，成就必大。仅有努力而没有天才，顶多成为中等货色。

——柏杨《真刀真枪》

人是否高明取决于天赋，精明则有赖于后天方面的学问。

其实，一个人光有天赋是不够的，它必须和机遇相结合，才能发挥出重要作用。我们都知道，机会不会自动地找到你，你必须不断醒目地亮出你自己的优势，让别人发现你，进而才能赏识和信任你，因此，你必须勇于尝试，一次次地去叩响机会的大门，总有一天它会为你敞开。

一天，在西格诺·法列罗的府邸正要举行一个盛大的宴会，主人邀请了一大批客人。就在宴会开始的前夕，负责餐桌布置的点心制作人员派人来说，他设计用来摆放在桌子上的那件大型甜点饰品不小心被弄坏了，管家急得团团转。这时，西格诺府邸厨房里帮佣的一个仆人走到管家的面前怯生生地说道："如果您能让我来试一试的话，我想我能造另外一件来顶替。"

"你？"管家惊讶地喊道，"你是什么人，竟敢说这样的大话？"

"我叫安东尼奥·卡诺瓦，是雕塑家皮萨诺的孙子。"这个脸色苍白的孩子回答道。

"小家伙，你真的能做吗？"管家将信将疑地问道。

"如果您允许我试一试的话，我可以造一件东西摆放在餐桌中央。"小孩子开始显得镇定一些。

仆人们这时都显得手足无措了。于是，管家就答应让安东尼奥去试试，他则在一旁紧紧地盯着这个孩子，注视着他的一举一动，看他到底怎么办。这个厨房的小帮工不慌不忙地要人端来了一些黄油。不一会儿工夫，不起眼的黄油在他的手中变成了一只蹲着的巨狮。管家喜出望外，惊讶地张大了嘴巴，连忙派人把这个黄油塑成的狮子摆到了桌子上。

晚宴开始了。客人们陆陆续续地被引到餐厅里来。这些客人当中，有威尼斯最著名的实业家，有高贵的王子，有傲慢的王公贵族们，还有眼光挑剔的专业艺术评论家。但当客人们一眼望见餐桌上卧着的黄油狮子时，都不禁交口称赞起来，纷纷认为这真是一件天才的作品。他们在狮子面前不忍离去，甚至忘了自己来此的真正目的是什么了。结果，这个宴会变成了对黄油狮子的鉴赏会。客人们在狮子面前情不自禁地细细欣赏着，不断地问西格诺·法列罗，究竟是哪一位伟大的雕塑家竟然肯将自己天才的技艺浪费在这样一种很快就会熔化的东西上。法列罗也愣住了，他立即喊管家过来问话，于是管家就把小安东尼奥带到了客人们的面前。

当这些尊贵的客人们得知，面前这个精美绝伦的黄油狮子竟然是这个小孩仓促间做成的作品时，都不禁大为惊讶，整个宴会立刻变成了对这个小孩的赞美会。富有的主人当即宣布，将由他出资给小孩请最好的老师，让他的天赋充分地发挥出来。

天赋不仅与机遇有关，还和后天的努力关系密切。

目光敏锐、富有军事天赋的努尔哈赤在熊廷弼治辽时，被迫转移战线一年多，而且不得不将进攻辽阳、沈阳的计划暂时搁置。当他看到明朝政治日益腐败，政局更加混乱时，就觉得机会快来了。明神宗与明光宗的先后死去，使明廷党争愈烈，加上经略换人，军心涣散，使努尔哈赤捕捉到了一个进攻辽、沈的绝佳时机，于是他果断地下令向辽、沈大举进兵。

天启元年（1621）春，努尔哈赤率军进入辽河流域，发动了辽沈之战。为了打赢这场战争，努尔哈赤作了精心准备：刺探敌情、厉兵秣马、制造钩梯和车等攻城器械。做好这些工作之后，努尔哈赤发动了进攻。仅仅经过十天，努尔哈赤的大军就接连攻克了沈阳和辽阳两城。沈、辽两城作为明朝在辽东的重镇，不仅派有重兵镇守，而且墙固城高，器械齐全，按常理坚持一年半载不成问题，但在努尔哈赤大军的进攻下，有着“固若金汤”之称的沈、辽接连失陷，这当然令明朝统治者大惊失色，不知如何是好。努尔哈赤为何能在如此短的时间连克沈阳、辽阳两城呢？这除了明朝更换主帅导致军心涣散之外，更与努尔哈赤的军事天才密不可分。首先他抓住了有利的进攻时机，即利用不知兵事的袁应泰经略辽东的机会，向明军大举进攻；其次，在进攻的时候，又充分发挥后金军队长于野战的特点，引诱明朝守军放弃防御，出城击敌，结果正中努尔哈赤的圈套，被长于野战的后金军队击溃。这样，金军就变敌之长为短，而使己之短变长，从而实现了克敌制胜的目标。

由于努尔哈赤善于用变、抓住时机进攻辽沈，使得明朝在辽东的战争遭到重创。从此明朝更是陷于被动防守的局面，尽管后来又先后换上熊廷弼和袁崇焕，使形势有所转变，但明朝皇帝昏聩无能和刚愎自用，使这两位帅才难以得到重用，反而将他们杀害，于是明朝也就朝着灭亡的陷阱一步一步走近了。

一个人光有天赋也还不够，他要想成功，还必须具有冒险精神。

工业和体育运动方面的先驱詹姆森·哈代总是喜欢去冒险，尽管朋友们和同事们经常告诫他“不要犯傻”。他不仅敢于冒挑战体能的风险，而且敢于冒考验信念的风险。他在教学领域所创造的纪录给世人留下了深刻的印象，因为他是一个天才，很多从事汽车销售和服务的人都从他的训练方式中受益匪浅。

市场经济中的核心内容是竞争，这是世人皆知的道理。人们所欣赏的那些天才人物都是通过竞争而逐渐脱颖而出，成为各个领域的佼佼者的。他们具有常人所不具备的坚韧毅力，勇于拼搏，不断进取。真可谓与天斗，其乐无穷；与地斗，其乐无穷；与人斗，其乐无穷！

由此，我们完全可以这样说，天赋＋机遇＋努力＋冒险＝成功！

第二章

王陵年少意兴浓——柏杨的快意人生

不作变徵之音

说实在的，有些人一辈子都不害病，人人都说他有福，他自己也蠢蠢然自以为果然有福，我就硬是看不出他有啥福，真正有福的人应该是那些不愁吃不愁穿，不愁钱不愁死，而经常害点小病的家伙。该项小病正是那懒媳妇所盼的，只不过头稍微痛一点，体温稍微高一点。如果不害则已，要害就勇猛地害起来砍杀尔，便全局皆非矣。害了小病之后，可以义正词严地啥地方都不去，高卧隆中。

——柏杨《四大类》

人一旦到了大学毕业（或者还等不到）的年龄就会发现外面的世界根本不是想象中那样没有考试的烦恼而轻松快活，反而突然天旋地转地忙碌起来。找工作，上班，交际，结婚，对双方父母尽孝道，生儿养女。这些事情将好好的一个英姿勃发的青年人牢牢地圈在套子里，挣不破更挣不脱，只好年复一年地像陀螺般不停地打转儿，最后累得倒地不起。

柏杨先生说，与其健康地每日苦作，倒不如时不时地给自个儿添点小病菌，小毛病虚弱一回，以作为绷得太紧的心弦的缓冲。如果不懂得紧张得快要承受不了的时候及时地松懈一下子，得病倒是个不错的办法。

“平常日子，堂堂大丈夫，在娇妻面前，都保持英雄本色。我有一位好朋友，有一天太太在厨房里发出银幕上电影明星看见僵尸时那种尖叫，原来一个手掌大的蜘蛛在地上乱爬。这种蜘蛛在台湾司空见惯，做丈夫的威风凛凛，上去就一脚，虽然也出了一身冷汗，但固是大丈夫嘴脸也。呜呼，这一类的表演，名目繁多，小焉者踩个蜘蛛，大焉者更不用说啦，张口就大训其话，提笔就叫人大无畏，著书立说就教人杀身报国，俨然人物。如果一直这样充壳子充到底，自没话可说，但如果一旦来一个贱恙染身，架子可以稍事休息，趣味似乎更加无穷。

“越是威风凛凛的朋友，小病时越是娇不可言，平时做丈夫的是妻子发嗲的对象，如今则轮到向妻子发嗲矣。夫妻间越恩爱，他越娇越嗲，别看他年已半百，胡子如草，一旦卧病，娇嗲交加，真是惊天地而泣鬼神。本来只一分头痛，硬形容成十分，然后努力呻吟，把妻子大人呻吟得花容失色，一面想‘老家伙死啦怎么办乎？’一面以手猛揉其头，口中还念念温柔之词。就是前边说的那位踩死蜘蛛的朋友，有一次病了三天，太太就为他洗了三次脚，他阁下只不过小小感冒，却一口咬定他父亲是得脑膜炎而翘了辫子的，太太天旋地转，饭都喂到他尊口里，他就毫不客气地每次都吃上四大碗。有的时候看太太服务稍懈，就痛加斥责，而且翻起老账，如哪件事她对不起他，又哪件事她太使他寒心，如今大去在即，死不瞑目，把太太说得鼻涕一把泪一把，发誓等他病好后，一定重新做人，像服侍情夫一样好好服侍他。后来他告诉柏杨先生曰：‘我每年都要害这么一

场小病，以温旧情，而励来兹，好日子虽只几天工夫，其受用却是非常之无穷也。’”（柏杨《四大类》）

读完这段话发现柏杨先生的妙笔果然可以生花，写尽了世间真情实趣。不过笑过后品咂滋味，你会觉得其实快乐大可不必如此折腾别人，健健康康大大方方地来享受轻闲之乐，岂不更美？要知道“清闲”之福可是来之不易啊！

信浮沉，无管束，钓回乘月归湾曲。酒盈樽，云满屋，不见人间荣辱。

悠闲是一种自得其乐的生活方式，享受天伦之乐并不在乎是不是在桃源仙洞，是鸡犬相闻、民风教化亦或是独来独往，老死不相往来。“闲”是宋代陆游在《东西家》中所说的：“东家云出岫，西家笼半山。西家泉落涧，东家鸣佩环。相对篱数掩，各有茅三间。芹羹与麦饭，日不废往还。儿女若一家，鸡犬意自闲。我亦思人邻，余地君勿悭。”

翻开中国古代文学作品，文人墨客对于悠闲的生活有着太多的赞美和讴歌，许多伟大的思想家和哲人正是在悠闲的生活之中孕育了深刻的智慧。而今天的进步和劳碌却只能挖掘出一声声沉重的叹息。常听人说忙啊忙啊的。但你去劝告他们别忙吧，他们却还要忙得个不亦乐乎。为什么？当然不只是为那身上衣裳口中食，还要为名为利，为出人头地，为说出去有个响当当的名声，为封子荫子，为步入高档的阶层生活，怎么能停得下来！可见，这忙竟然还是个好事情，否则大家又何必那样热衷呢！不忙碌就会懒惰，就会一事无成。你在这里劝人停下脚步，岂不是挡人财路，真是有胆敢冒天下之大不韪，当心许多路诸侯又义正词严地来讨伐吧。可是有矛必有盾，忙中的人又常说，何时能够清闲啊，或者要忙里偷闲，叫做：

云淡风轻近午天，傍花随柳过前川。

时人不识余心乐，将谓偷闲学少年。

程老夫子是因为心里真正快乐悠闲，所以才寄情自然。但在那些时髦的人们看来，这个老夫子也要忙里偷个闲来学学少年人了！忙中的人体会不到闲时的滋味，所以常见那些习惯了忙的人，一旦退休下来，便不知所措了。

那些忙碌的人都有个说法：你不看这世界上只有富贵的人，但是却没有清闲的人吗？原因就是老天不禁止人们获得富贵，但却禁止人们获得清闲。其实，这也只是一种说法而已。老天的本身就没有什么忙与闲的分别，只是我们自己心里闲不下来就是了。整日里忙碌不停的人们，从未发现仅仅离他们几步之遥，就有着一个崭新的全然不同的世界。无论是在繁华街道的一隅，还是在窄小胡同延伸的终点，或是在茂密树林虚掩着的林间小道的拐角处，总会有一两处悠闲的所在，它们静静地在那里等候，黄昏时以一两盏闪烁的灯光在呼唤着人们前去小憩疗伤。当你在茶馆的角落中呼吸着那飘有龙井清香的空气时，当你在小桥流水旁的小亭上点燃一支香烟，一天的疲惫和满腹的烦闷即将随风飘去时，你的心中仿佛响起了一首牧歌，此时清闲的心情又回到了你的心灵深处。

清闲因为它不只是时间的因素，往往指某种特别的心境。我们所说的空闲时间，实际上是指我们感到闲适的时候。什么是闲适？感受它远比说明它更难。这与无所事事或游手闲逛无关，尽管我们明白，它的确牵涉到自由支配时间的概念。等候在律师的客厅里可谓空闲的时刻，却无闲适之感；同样，我们在火车站换车，即使等上两三小时，也享受不了那份清福。这两种情形，我们都不会感到安宁自在——在这种场合能安心读报、学习或回味往日在海外的游历，那是十分难得的。

正是因为我们自己心中有事，所以才不得清闲，即使在睡梦中也是一样。睡觉本身是要休息身心的，但却因为我们贪婪着许多的事物，放心不下，所以要形诸梦寐。等到醒来的时候，还是要驱赶着这一具身体，去做那无穷无尽的追求。我们的身心俱得不到安宁和清闲，就因为还牵挂着很多，就因为大家都不满意当前的环境。要改变环境，就要忙碌。不忙就得不到名利，人生也就失去了意义，这就是忙人的逻辑。

总是关乎面子的问题

个人自尊即是民族元气，保持一分算一分，一个人的自尊一丧，便啥卑鄙奇怪的事都做得出。

——柏杨《建议三项》

尊严在每个人的心中，都有自己的栖身之处与高低界限，兼管着肝火这个导火索。比如孔子的高足颜回，虽身居陋巷，不名一文，有口凉水、有碗白饭吃也觉得很开心；而石崇、王恺斗富，偶尔输掉的一方就会觉得颜面扫地，甚至会恨得咬牙切齿，元气大伤了。不但古人有此心理，今人更是受尊严的控制而让自己显得卑劣和渺小，难以成就大的事业，难以与别人友爱地相处，难以痛快，难以快乐，难以流芳百世了。我们应该怎样将它控制在一个比较好的范围内呢?

柏杨先生给我们讲了这样一个故事：

南梁国皇帝萧岿前往邺城朝见北周帝宇文邕。

宇文邕设宴款待萧岿，酒饮得半醉，宇文邕亲自弹琵琶，萧岿离座，随节奏跳舞，说："陛下既然亲弹五弦琴，我怎么敢不像一只野兽!"宇文邕大为高兴，赏赐十分丰厚。

《书经·舜典》上说："姚重华（舜）弹五弦琴，说：'咦，敲着石头，拍着石头，百种野兽，争相跳舞！'"两国因强弱不同，萧岿说几句奉承的话，把宇文邕比作儒家系统中的圣君姚重华，使宇文邕喜上眉梢，一切都在情理之中，但何至卑鄙到把自己比作野兽！

柏杨先生从这个历史故事中告诉我们一个人的尊严是什么。在有德行的人身上，尊严大概从来都不曾离开过，比如胯下受辱，穷得没饭吃的韩信。而在靠逢迎主子的人身上却从来都不曾看见过尊严，就比如刚才那个萧岿，为了取悦强权帝国首脑自愿变成野兽，真是有损个人尊严。

一个人拥有的自尊不是像鱼肉那样可有可无，也不能像巧克力遇到强热就化掉，遇到冰冷就硬起来那样的欺软怕硬。没有它便无从爱护自己，更无从发展自己。可是，这个尊严也是要有限度的，不可能"多多益善"。这个面子，太要强仍会害人害己。

生活中不难发现这样一种人，其人思路敏捷，而且不管自己说出的话对或不对，都坚决认为自己是正确的。他们往往一说话就口若悬河，显得很狂妄，很嚣张，令人很难接受他的观点和建议。这种人大多是因为太爱表现自己，总想让别人知道自己很有能力，处处想显示自己的优越感，从而获得他人的敬佩和认可，结果却往往适得其反，失掉了在人们心中的威信，只落了个"跳梁小丑"的名号而贻人笑柄。

人与人之间理应是平等互惠的，正所谓"投之以桃，报之以李"。那些谦让而豁达的人才能赢得更多的朋友。相反，那些妄自尊大，高看自己，小看别人的人总会激起别人的反感，最终使自己变得孤立无援，别人都敬而远之，甚至是"厌"而远之。

在交往中，任何人都希望能得到别人的肯定评价。都在不自觉地强烈维护着自己的形象和尊严，如果一个人的谈话对手过分地显示出高人一等的优越感，那么无形之中是对这个人自尊和自信的一种挑战与轻视，在这种情况下，排斥心理乃至敌意也就不自觉地产生了。

长此以往，你说你做得对，他说他办得圆满，双方就会为了各自的面子而明争暗斗，大出其手，还能保得住哪一个能全身而退吗？可见，为了面子太过刚强不是聪明人所为。

《论语》上说："礼之用，和为贵。先王之道，斯为美。小大由之，有所不行。知和而和，不以礼节之，亦不可行也。"

人与人相处方式很多，聪明人不会把话说死说绝，而是多给对方保留面子。例如："我永远不会办你所搞砸的那些愚事……""谁像你那么不开窍，如果是我几分钟就做完了。"如此种种，估计谁听了都会不痛快，人人都最爱惜自己的面子，而这样绝对的断言显然是极不给人面子的一种表现。

李广罢官闲居时，曾在晚上与人到乡间饮酒，夜里回家时经过守护霸陵（汉文帝的陵墓）的亭驿，被守霸陵的尉官呵止，不让通过。本来对下台的将军似可网开一面，但喝醉的小尉偏要按章办事："现任的将军尚不能犯夜行路，何况是旧任的！"遂勒令李广停宿在驿亭中。这下子就得罪了这个鼎鼎大名的英雄。不久，匈奴犯境，李广被起用为右北平太守。耿耿于怀的李广"即请霸陵尉与俱，至军而斩之"。这种公报私仇的举动显露了李广气量狭隘的一面，也有损"飞将军"的美誉，所以后人对此颇有非议。但换个角度，那个尉官秉公执法尚可以理解，但他当着众兵士的面直呼李广为"旧任"未免就太不给人面子了。而他栽就栽在了一句话上，由于不给人面子而埋下了祸根！

《中庸》说："修身则道立；尊贤则不惑；亲亲则诸父昆弟不怨；敬大臣则不眩；体群臣则士之报礼重；子庶民则百姓劝；来百工则财用足；柔远人则四方归之；怀诸侯则天下畏之。"

保留他人的面子，这是何等重要的问题！而我们却很少会考虑到这个问题。我们常喜欢摆架子、我行我素、挑剔、恫吓、在众人面前指责同事或下属，揭朋友的短，有意无意地中伤他人，而没有考虑到是否伤了别人的自尊心。其实，只要在张口之前先对自己喊声"停"，多考虑几分钟，客客气气地讲几句关心的话，为他人设身处地想一下，就可以缓和许多不愉快的场面。

真正有远见的人会在与同事一点一滴的日常交往中为自己蕴涵最大限度的“人缘”，给对方留下相当大的回旋余地。给别人留面子，其实也就是给自己挣面子。言谈交往中少用一些绝对肯定或感情色彩太强烈的语言，而适当多用一些“可能”、“也许”、“我试试看”和某些感情色彩不强烈，褒贬意义不太明确的中性词，以便自己“伸缩自如”，是相当可取的。

人人都有自尊心和虚荣感，甚至连乞丐都不愿受嗟来之食，但很多人却总爱扫别人的兴，令朋友、同事、下属面子难保，甚至当场撕破脸皮，以致因小失大祸患连连，得不偿失，掉过头来想后悔都来不及。倘若此时你网开一面，放他一马，既让人们见识了你恢宏的气度，又能得到他人的感激，这就是对待面子的最高境界。

走错道路就回转

尔朱荣和董卓是一对双胞胎，董卓走过的脚步，尔朱荣小心翼翼地踏着前进。两个不懂政治的粗汉，都必须作出正确的政治决定，结局是可以预期的：害人害己。

——柏杨白话版《资治通鉴·河阴屠杀·五三〇年庚戌》

把正义和强权压在历史的天平上，看看谁重谁轻；把知识和头脑放在历史的坐标上，看看哪一个走势会比较好。

时间在空中飘荡，取笑着路上留下来的蹩脚汉们出演的闹剧，无论悲喜，一概不值得同情。

为自己选错了位置，站错了队伍，就像关东大汉拈起绣花针一样，注定是要扎破手指的。可是这个道理讲了百年千年，传了一代又一代，还是有人义无反顾地将其贯彻下去，自寻死路，执迷不悟。在同辈人中最简单明了的例子就是爱好文科的偏要去学经济；本来能当个学者、高级工的偏要让他考个公务员以期将来能做什么大官，最后无外乎都是一个结局：害人害己。

如果你不大相信，多看看故事警醒一下自己。尔朱荣的事且听柏杨先生给我们娓娓道来：

528 年，北魏帝国车骑大将军尔朱荣，派骑兵进入首都洛阳，逮捕胡太后及年仅三岁的皇帝元钊，将其送到河阴。胡太后见到尔朱荣，对自己的行为百般辩护，反复解释，尔朱荣不耐烦再听，拂袖而去，下令把胡太后及元钊投入黄河淹死。

尔朱荣溺毙胡太后及小娃皇帝元钊后，刚投降尔朱荣的武卫将军费穆向尔朱荣秘密建议，说："你如果不大肆惩罚诛杀，建立你自己的党羽，恐怕你北返之日，还没有穿过太行山，中央就会发生变化。"尔朱荣同意，对亲信慕容绍宗说："洛阳繁华，人民骄傲奢侈成为风气，如果不加以剪除，恐怕永远不能控制，我想利用文武百官出城迎接皇帝的机会，全部诛杀，你意下如何？"慕容绍宗极力反对。尔朱荣不理，于是请新登极的皇帝元子攸沿黄河西行，抵达淘渚（河阴西北 1 公里），把中央政府出迎的文武百官引导到行宫西北，宣称要祭祀天神。大家集合完毕，骑兵将其团团围住，尔朱荣斥责说："天下大乱，皇上死于非命，都由于官员贪污残暴，虐待人民，不能辅佐矫正。"骑兵万马奔腾，冲入人群，刀锋马蹄作无情屠杀，自丞相高阳王元雍、最高监察长（司空）元钦、仪同三司（宰相级）义阳王元略以下，死 2000 余人。

尔朱荣的河阴屠杀不仅葬送了数千条人命，更葬送掉了自己。他把政治归结于残暴，把强权等同于杀戮，同他那位曾经选错了职业的前辈董卓一样接受着万世的唾骂。若在当时，他们老老实实做个小民，做个屠户，甚至是做个爽快的皮货商人，或许要幸福很多了。

其实何止是他们两个，南唐后主李煜就适合去当个文学家，李隆基若做个音乐家倒真是和舞蹈家杨玉环天生一对，珠联璧合。而明王朝就更奇特了，不仅出现了适合当商人的皇帝，还出现了可以成为高级发明家和木匠的皇帝，可惜的是他们都是不以政事为己任，上对不住社稷人民，下对不起自己。

人，要摆正位置，否则就会酿造自己的血泪史。

天堂的设计师

上帝绝不对任何幸运的人照料到底，都得人神同工，他自己必须爱惜自己。

——柏杨《公开的谋杀》

柏杨先生说，是人，都必须爱惜自己，而不要总奢望依靠外部力量摆平一切，自己好坐享其成。这样的话，不但自己依靠得失去了主见，丧失了眼光，还自残了那柔嫩的翅膀，过早地折戟沉沙，还有什么志向可坚持，还有什么抱负可以谈论，继而成为人生助燃的动力呢?

圣人孔子早就告诫人们，“君子求诸己，小人求诸人。”这里的“求”有两方面的含义。一方面，从积极追求的角度说，是指凡事都靠自己的意思，凭自己的本事和能力。也就是《易经》所说：“天行健，君子以自强不息。”或者如孔子在《子罕篇》里所说：“譬如为山，未成一篑，止，吾止也。譬如平地，虽覆一篑，进，吾往也。”成败都靠自己，就是我们在《国际歌》里面所唱的“从来就没有什么救世主，也不靠神仙皇帝。要创造人类的幸福，全靠我们自己”!

除此之外，这里的“求”也包括对自己失败原因的分析。也就是《中庸》里面所说的：“子曰：‘射有似乎君子，失诸正鹄，反求诸其身。’”君子立身处世就像射箭一样，射不中，不怪靶子不正，只怪自己箭术不行。

孟子也说过类似的话：“仁者如射；射者正己而后发；发而不中，不怨胜己者，反求诸己而已矣。”不怪靶子不正也好，不怪比自己射技好的人也好，总之都是要求从自身找原因。

俗话说得好：“会怪的怪自己，不会怪的怪别人。”四川方言对那种不会怪自己而只会怪别人的行为更有生动的讽刺，叫做：“人穷怪屋基。”话虽然俚俗，却合于圣人的雅意。

一个在沙漠中迷路的人渴望生存；一个在生活磨难中苦苦挣扎的人需要生存；一个在时代竞争中奋斗的民族要生存；在青春历程中跋涉的我们更要生存。生存不仅仅是维持生命，生存也是立足于社会，实现人的价值，靠自己更好地生活，完美自己的人生理想。

人生之路，崎岖漫长，漫漫征途上不会时时有适合做拐杖的树杈，也不会时时有愿意停下脚步来拉你一把的人，风雨总会不期而至，寻梦的路上更坎坷。即使在泥泞中有人扶你一把，但你也不能确定地说谁能伴你走完整个征程。

不要期待别人的给予，那不是自己用汗水换来的硕果。不要苛求每个人的理解与爱心，因为你无法真正理解每一个人。别人的脚步注定别人的去处，自己的双脚走的才是自己的路。失意的时候难免会抱怨命运的不公，其实谁又知道他人的欢颜之中同样隐藏着无数苦涩的泪。也许，心在哭的人无法流泪；也许，看上去坚强的人其实更加脆弱。

艰难困苦抹杀不了顽强的信念，自己的力量能够支撑起一片自己的蓝天，不要指望别人。朋友，在未来的路上，任何时候都不要忘记：你，一定要靠自己。不管前方能否风平浪静，不管是否如想象那般甜蜜，绝对不要让自己向困难低头，要勇敢去闯出自己的天地。

两粒种子躺在泥土里，春天到了，一粒种子破土而出。而另一粒种子说到：“我没那么勇敢。我若向下扎根，也许会碰到岩石；我若向上长，也许会伤到我的茎。”于是它甘心待在泥土里。几天后，它被一只母鸡吃掉了。

同样的种子，同一片沃土，不同的遭遇，我们能从中得到什么启示呢？那就是人们常挂在口头的孟子说过的话：生于忧患，而死于安乐也。

生长在同一片土地上，一颗种子敢于面对挑战与困境，依凭自己的力量破土而出，开创了一个美好的未来。而另一颗种子，却害怕挫折与磨难，甘心待在自己的“安乐窝”里，结果埋葬了自己。从辩证唯物主义的观点出发可以看出，困难与挑战虽往往给人以挫折，却也可以催人奋进，给人以力量；而安逸与保守虽可以暂时保身，但最终却使人堕落而遭淘汰。有一句话说得好：苦，可以折磨人，也可以锻炼人；蜜，可以养人，也可以害人。

早在两千多年前，孟子就写到：“天将降大任于是人也，必先苦其心志，劳其筋骨，饿其体肤，空乏其身，行拂乱其所为，所以动心忍性，增益其所不能。”宋代大文学家欧阳修更提出了“忧劳可以兴国，逸豫可以亡身”的说法。

可生活在竞争日趋激烈的时代里的我们，是否真正地意识到了生存的危机与挑战？

每个人都需要别人的帮助，但是接受别人的帮助也必须发挥自己的主观能动性。很难设想，一个把自己的命运寄托在他人身上、时时事事靠别人指点才能过日子的人，会有什么大的作为。德国诗人歌德曾说过，“谁若不能主宰自己，谁就永远是一个奴隶”。

幸运和苦难都是生活中的常客，我们凡人不必要究其规律，但苦难和幸运折射出来的风景我们倒有必要观察。幸运会把卑鄙小人送上高高的平台，并给卑鄙小人涂上一层伟大庄严的色彩，使他们高高在上，可以傲视凡人。但是正直高尚的凡人靠自己的努力提高自己，在灾难和厄运中就显得更加光耀夺目，万世辉煌，并且得到的是人们最崇高的敬仰。

的确，人生于天地之间，自立自强才是人生最重要的课题。

郑板桥临终时把儿子叫到床边，说：“我想吃你亲手做的馒头，快做来我吃。”等儿子匆匆忙忙把馒头做好，端来伺候老爹时，发现父亲早已辞世。儿子放声大哭，并在床头找到父亲的遗书，上面写着：“流自己的汗，吃自己的饭，自己的事情自己干，靠天靠地靠老子，不算是好汉。”人生最可依赖的是什么？是知识、是智慧、是汗水。人常说“靠人种地满地草，靠人盛饭一碗汤”。父母都不可能依靠一生一世，何况他人？因此，这个世界上最可靠的不是别人，而是自己。

能抛开拐杖独立行走的人，才是智者，是勇士，是懂得珍惜自己，珍惜生命带来恩赐的人，只有这样，他们才有了所向披靡的精神和勇气，才到达了潇洒自如的高度和境界。

做个人才你才快乐

人才，是所有行业——包括政治、军事、在门口摆个地摊，兴废成败的枢纽。得者兴，失者亡。即令今天，面对二十一世纪，仍是真理。

——柏杨白话版《资治通鉴·赤壁之战·二〇七年丁亥》

孔子说："不患人之不己知，患其不能也"。(《宪问》)

而在另一个地方，他几乎是原封不动地把这句话又倒过来重复了一遍："君子病无能焉，不痛人之不己知也。"(《卫灵公》)

加上《学而》篇所说的"人不知而不愠，不亦君子乎?""不患人之不己知，患不知人也。"孔子真可以说是翻来覆去地说"才"这个话题了。让一个惜字如金的圣人这样地重复着同一个话题，足见其重要性。虽说《论语》是学生笔记，可能有重复之处，但既然已经过编辑整理，依然有这么多次出现，那就只有一种理解，就是孔老夫子的确反复多次强调过这个话题，给学生留下了异常深刻的印象，以至于重复出现也不嫌累赘，而予以保留。

无论别人知不知道自己，了不了解自己，苦练内功、增强才干总是不会有错的。因为知识本身没有力量，只有化为行动，才有力量，而你身上扎根的知识，是没有任何人可以随便取走的。它是能力，是资本，是你成功创造事业的关键所在。

“船到桥头自然直”，但事物的法则，永远是用进废退。如果缺乏生存的技能和智慧，也许船还没有到码头，就已经折戟水中，更何况，码头上的人生是竞争更加激烈的人生。如果不想被淘汰，就得抢占一个优越的地理位置，多一点生存的技能和智慧，从而有能力把握更多的机会。

“学会生存”，是一个人如何发挥潜能，适应世界和时代的发展变化。适者生存，是大自然颠扑不破的真理。

其实，一个时代有一个时代的生存环境，一个时代的人也都有各自的生存方式。

总之，生存需要智慧，充分运用智慧而谋求生存之道乃生存的最高境界。

机会给了我们，只要练就了真本领，总会被人赏识的，当今社会，英雄不问出处，只问你自己有没有真本事！当你的才能足以支撑住自己的时候，你就可以选择远距离的飞翔；当你的智谋足以擎起整个社会的时候，你就可以遨游天下，来去自如。

所以，做个人才才能拯救自己，做个人才才能建立起属于自己的幸福。

爱好改变命运

盖“人”这个玩意儿，听劝而改变生活方式的不多。

——柏杨《吸烟戒烟》

柏杨先生说：人听劝而改变生活的不多。他自己就是这样一个固执而闻名于世的人。一般来说，固执的人都是不愿改变自己本来的想法和计划的，包括自身的爱好。现在不少人认为“读书无用”，最实际的是权力和金钱。这是很短视的。人为何要学习呢？人有别于动物正在于他的文化，如果没有文化，人与兽何别？而文化的传播与继承非要读书不可。

中国文化的奠基人孔子说过：“吾十有五而志于学，三十而立，四十而不惑，五十而知天命，六十而耳顺，七十而从心所欲，不逾矩”。这说明他后来的成就都基于他15岁时立志于学习。在谈到学习对人生的重要性时，孔子说：如果一个人爱仁德而不爱学习，那他肯定会被愚昧所蒙蔽；如果一个人爱好智慧而不爱好学习，那必将被放荡所蒙蔽；如果一个人爱好信实但却不爱学习，那必将被戕害所蒙蔽；如果一个人爱好直率而不爱读书，那么他将会被偏激所蒙蔽；如果一个人爱好勇敢而不爱好学习，那么，他可能被祸乱所蒙蔽；如果一个人爱好刚强而不喜爱读书，那他可能将被狂妄所蒙蔽。

人的好恶从内容看也有高下之分。献身公众事业，乐于从事对社会、对他人有利的工作，这种喜好是高层次的。如果一个人所喜所恋所嗜所好的是奇珍异宝，他势必会玩物丧志。如果一个人贪图的是金银财物，他就会变成一个守财奴。这种喜好是低层次的。

傅玄的《戒言篇》中说：“夫贪荣重利，常人之性也。上之所好，荣利存焉，故上好之下必趋之不已，虽死不避也。先王知人有好善尚德之性，而又贪荣而重利也，故贵其所尚而抑其所贪。贵其所尚则礼让兴，抑其所贪则廉耻存。”是说喜好名利地位，贪图享乐、金钱是人的本性，一般人都是这样。君王所喜好的，自有名誉、利益在其中，那么臣民就必然会趋之若鹜，追求不已，即使是为此而死也不在乎，也不会回避。可见君王的喜好对于臣民的影响有多大。先哲圣人们知道人们都有扬善和崇尚道德的一面，也有贪图富贵名利地位的一面，于是就发扬其好的方面，抑制其丑恶的一方面。提倡向善向德，那么社会之中文明之风就能够兴起，忍耐住、抑制住贪图富贵功名利禄的一面，那么人人都知廉耻。可见人的好恶不仅关系到自身，也影响着整个社会风尚的形成。

人有七情六欲，自然也有对事物的喜欢与厌恶之情。凡是世间美好的东西，人都喜欢，但这些东西毕竟有限，不可能人人都能得到。凡是那些丑恶的东西，有识之士均在回避，也不是每一个人都能避开的事情。个人的好恶也会影响其他的人，尤其是掌握了一定权力和能在社会中起一定作用的人，他们的好恶可以影响一代人，所以应该让自己的好恶有利于人民，有利于社会的发展。但有时个人的好恶会和他人的利益、社会的利益发生矛盾，你喜欢的别人也喜欢，你讨厌的别人也讨厌，那么则必须忍耐住自己的性子，己所不欲，勿施于人。

好恶是有一定层次的。出于公心，由于公众的利益而喜欢一件事或一个人，是有德之人，同样，为了公众的理由去厌恶一个人或一件事，他的厌恶是正确的。对于他人对自己的赞赏和鄙视，要正确地加以分析，看看赞赏自己的是什么人，厌恶自己的又是什么人。如果每每称颂自己的是世上的小人，那么他们对你的喜爱是可怕的，正说明你自身有不少问题。如果赞扬你的是正人君子，那说明你确实是正直的人。如果厌恶你的是小人，表明你为人行事是出于公心，你是圣贤。如果厌恶你的是正人君子，那么你自己就要去检查自己的行为到底有哪些失误之处，引以为戒。

人的情感往往能够左右人的行动。对人不要过分地表示出自己喜欢或厌恶的心态，不然好恶不忍，会带来灾祸。人的感情也有一种迁移，这种迁移作用使得人由于喜欢某人某事也连带喜欢和他有关的人或事物。正是由于这种移情作用，也能使人见物生情，触景生性，不能忘记以前别人的过错或是对自己的侮辱，从而更加厌恶以往的恶交。这都是不知道什么是人的真正好恶，应该保留哪些爱好，应该厌恶什么事情的结果。

从事自己喜欢的工作，会激发人的工作热情，让人把工作当作乐趣，而不是负担，因而赚钱也变得轻松愉快起来。有了精神上的愉悦和物质上的保障，这样的生活的确是没什么遗憾的、好后悔的了。

工作地点没变，你可以换换上下班的方式或乘车路线，如你每天骑自行车，今天你可以乘坐公共汽车，观察一下周围匆匆忙忙的各种表情的人群；工作内容没变，但可以换一种方式看看是否可提高效率，或许会得到意想不到的结果；周末是否全家出去看场美国大片；节假日是否狠心去吃顿大餐，体会一下到豪华场所消费的快感；安排些力所能及的旅游项目，去看看秋叶泛黄显红、万里长城的雄伟；试着动手拆装自行车、电视机，看自己是否比你想象中的还要心灵手巧；培养一些适合自己的业余爱好，坚持下去就会发现其乐无穷；搞些可能的投资活动……

第三章

动人春色不需多——柏杨的尘世凡心

君子爱财

这些财富是特权阶级所独有的，每一文钱都是小民的一掬血泪，或一声哀号、一声叹息，可称之为“凶钱”。

种下凶钱的因，定有凶杀的果。稍微有点历史知识的人，都会毛骨悚然，只有富贵之家的子弟，还在那里乐不可支。

——柏杨白话版《资治通鉴·洛阳暴动·五一九年己亥》

财富有多少才算能满足呢？不管你如何绞尽脑汁，想要获得的，都不过是自己或者别人的血汗。唯一不同的是，越是贪欲大的人，越想不劳而获。于是他们铤而走险，利用手中的权力，哪怕只有一点点，也要抓紧一切可能攫取金钱，并且为此不惜丧尽天良坏事做绝。然而结果真的是令人欣欣然了吗？

在观赏了无数历史的循环演出后，柏杨先生为人们总结出这样一句话：“种下凶钱的因，定有凶杀的果。”因此，对于金钱这个东西，一定要慎之又慎，思之又思。

柏杨先生在品读《资治通鉴》的时候给我们翻译过这样一则故事：北魏帝国末期，皇亲国戚、当权官员互相比赛奢侈。高阳王元雍，无论官位爵位和拥有的财富都居全国第一，王府房舍，花园猎场，跟皇宫禁苑相差无几。他有奴仆6000余人，婢女500余人，出来的时候，仪队卫士塞满道路；在家的时候，歌声乐声日夜不断，一顿饭就消费数万钱。李崇的财富跟元雍相当，但性情吝啬，曾经对人说："高阳王的一顿饭，够我吃三年。"河间王元琛屡次想跟元雍斗富，养有骏马十余匹，马槽都用银铸成；门窗上面雕有口衔铜铃的玉凤和口吐旌旗的金龙。曾经有一次，元琛邀请各位亲王欢宴，酒器中的水晶酒杯、玛瑙酒壶，以及赤虹色的璧玉酒瓶，制作精巧，都是中国所没有的进口货。元琛同时展示女子歌舞和名贵骏马，以及各色各样的奇异宝物，再引导所有亲王逐栋地参观他的仓库、钱库，绸缎布匹多到无法计数，他回头对章武王元融说："我不恨看不到石崇，只恨石崇看不到我。"元融素来自负他的财产，回家后叹息三天，甚至病倒。

读完这个故事，柏杨先生语重心长地对我们只说了两个字：凶钱。

没错，当人们无节制地去疯狂敛财聚富而丝毫没有人情味的时候，他离灭亡的日子也就不远了。难道不是吗？元琛、元融不必说，自古亡国之君大都丧命在了"财"上，而这种"财"，是他们不顾百姓死活搜刮而来的，它们是名符其实的"凶钱"，是送人走上黄泉之路的"冥钱"。

因此，钱财虽是个好东西，但必须谨慎小心对待，以防跌入钱眼挣脱不出来。那么，对待金钱，我们应当怎样呢？

孔子说："富与贵，是人之所欲也，不以其道得之，不处也；贫与贱，是人之所恶也，不以其道得之，不去也。君子去仁，恶乎成名？君子无终食之间违仁，造次必于是，颠沛必于是。"（《论语·里仁》）

翻译过来，就是有钱有地位，这是人人都向往的，但如果不是用仁道的方式得来，君子是不接受的；贫穷低贱，这是人人都厌恶的，但如果不是用仁道的方式摆脱，君子是不摆脱的。君子一旦离开了仁道，还怎么成就好名声呢？所以，君子任何时候——哪怕是在吃完一顿饭的短暂时间里也不离开仁道，仓促匆忙的时候是这样，颠沛流离的时候也是这样。

孟子将其总结成一句话，就是“君子爱财，取之有道”。什么是“道”？道即合法之道，通过正常的劳动、付出所得。

说到底，也就是仁义之道——仁道。

仁道是安身立命的基础、生活的原则。所以，无论是富贵还是贫贱，无论是仓促之间还是颠沛流离之时，都绝不能违背这个基础和原则。用孟子的话来说，就是：“富贵不能淫，贫贱不能移。”

追求金钱原本是一件挺高尚的事情。因为财是养命之源，为了生活及生存，我们谁也离不开它。不过君子爱财，取之有道，应该是每个求财人的正确理念。道即路也，世上的路千千万万，但世人都知道求财有两条路可走，即正道与邪道。不错，你选择了正道，努力拼搏，遵纪守法，却可能事倍功半，不但未发财反而破财。因财耗身，遭受灭顶之灾的事情在我们身边屡屡发生，于是有很多人对“君子爱财，取之有道”一说产生了质疑，从而选择邪道走下去，却更是一步步迈向黑暗的沼泽地……

我们都深知，走邪道的人下场是悲惨的。为了生存，怎样才能获取应有的养命之源呢？那便是顺命而行，在不与命运相反的方向上努力奋斗，这才是明智之举。

我们来看看范蠡的故事：

范蠡助越灭吴后，淡泊江湖来到山东定陶经商，因为他认为定陶是天下的中心，与四方的诸侯国四通八达，货物交易起来十分便利。范蠡的方法是治理产业，囤积居奇，但是随机应变，与时逐利，而不是苛求他人。他认为善于经营致富的关键是：能够任用贤人，懂得把握时机。

在近二十年的时间里，范蠡三次赚了千金之财，两次都散给了贫穷的朋友和远房的亲戚。到了晚年，范蠡精力衰竭，把产业委托给了子孙，变成了家族式的企业。子孙们继承了他的产业，继续滚雪球式地发展，终于有了万贯家财。

范蠡两次散尽家财救助穷朋友和远房亲戚，这种对待财富的恬淡态度，这种仗义疏财的义举，不仅照亮了两千年中国史，也照出了部分富翁们狭小的器量。用鲁迅先生的话说，是照出了富翁们皮袍下面的“小”来。当然，这也告诉人们钱财怎样取得才是正规途径。怎样做才是正确对待钱物的态度、方式。只有符合了“道义”，才能真正地富有。

师承不是神明

不扬弃师承，中国学术水准就一直倒退，不能跃升。

——柏杨白话版《资治通鉴·洛阳暴动·五一九年己亥》

在没有飞机原子弹，没有电脑电冰箱的古代，技艺的流传和传播，靠的是一批能工巧匠收几个伶俐的小徒弟来继承自己的衣钵。俗话说“师父领进门，修行在个人”，若果然聪明用心，自然水到渠成得到了吃饭的家伙，说不准还能搞点发明创造，让自己青出于蓝而胜于蓝。不过这些凭的可是各人的造化，只有少数几个有能力的人而能为之，否则就不会只有一个毕昇，只有一个蔡伦和黄道婆了。绝大部分匠人还是谨遵师命，每日里来回地鼓捣学来的那点子技术。有的师父在教徒弟的时候因怕徒儿将来超过自己，就偷偷儿地留了一招，如果徒弟自己再不思进取，那恐怕永远都比不上老师，而老师又比不上祖师爷了。

柏杨先生说：“师承，是一种毒药，两千年来，一直在摧毁中国人的创意，阻挠社会进步。西方文化精髓最早表现在柏拉图的一句话：‘我爱我师，但我更爱真理！’中国文化则恰恰相反：‘我爱我师，因为我师就是真理！'实际情形是：'我师就是饭碗！'真理一旦和饭碗结合，事态就十分严重，不但自己不敢批判老师的见解，也不准别人批判，如果有人批判，立刻奋不顾身，群起猛攻。蠢血沸腾地去保卫老师，也就是保卫自己的饭碗。对老师的任何质疑，都是异端，罪大恶极。

……

不扬弃师承，中国学术水准就一直倒退，不能跃升。"（白话版《资治通鉴·洛阳暴动·五一九年已亥》）

所以，一个有志向的人，如果不摒弃师承，则追求进步的愿望就始终是一个幻想，永远没有美梦成真的一天。要发展自己，就必须走一条创新之路。

创新，是每个人都拥有的改变自己生存方式的权力。早一点觉悟的人最先达到事业的顶峰，迟钝的人则永远没什么出息。

创新与师承，在辩证统一之间，维持着看似藕断其实丝连的关系。

"江山代有才人出，各领风骚数百年！"还是那句话，过去不等于未来。过去不成功，不等于未来不成功；同样，过去你在某一方面出色了，不等于未来你一定能够很出色。因此，只有不断创新，才能将你的出色进行到底。

《伊索寓言》里记载了这样一个小故事：

一个暴风雨的日子，有一位穷人到富商家讨饭。

"滚开！"仆人说，"不要来妨碍我们干活。"

穷人说："只要让我进去，在你的火炉上烤干衣服就行了。"仆人以为这不需要花费什么，就让他进去了。

这个可怜人请求厨娘给他一个小锅，以便他"煮点石头汤喝"。

"石头汤？"厨娘惊讶地说，"我想看看你怎样能用石头做成汤。"穷人于是到路上拣了块石头，洗净后放在锅里煮。

"可是，你总得放点盐吧。"厨娘想了想说，她给他一些盐，后来又给了豌豆、芥菜、香菜。最后，又把能够收拾到的碎肉末都放在汤里。

当然，你也许能猜到，这个可怜人后来把石头捞出来扔回路上，美美地喝了一锅肉汤。

创新不需要天才。创新只在于找出新的更有效的方法。任何事情的成功，都是因为能找出把事情做得更好的办法。

创新也不神秘。创新有大有小，内容和形式可以各不相同。创新活动不仅仅是科学家们的事，普通人想成功也能办到。当然，你得下番苦工夫，如果只知道坐享其成，那么就只能像白日做梦，竹篮打水一场空。

当然，创新思维也不是无源之水。“有志者，事竟成”，这是创新者的性格。创新是座挖掘不尽的宝藏，它是在实践的基础上产生的，“踏破铁鞋无觅处，得来全不费工夫”，创新者往往有这样的顿悟。

做任何工作，首先是思路，然后才是方法。比如创新，主要是思路的创新，这是最根本的创新，也是最艰苦、最直接的创新。创新之要敢为先。但敢想不是空想、幻想，而是在具备一定的理论思维层次上，用先进的理论为指导，对事物进行全面的、深刻的、合理的分析、判断、推理、综合。其结果应该是新颖、先进、有实用价值。

创新要敢闯。敢闯不是蛮干瞎闯，不是唯书唯上，而是在准确把握工作全局的基础上，从实际出发，敢于实践、敢于冒险、敢于冒尖、永不言败。敢闯是一种品德、一种境界、一种精神、一种价值，是创新发展的具体行动，是通往成功的阶梯。只有遵从实际敢于实践，才能真正使思想创新成果转化为工作创新成果。

懂得创新，学会创新，纵使你成不了大众的英雄，也会成为自己的英雄，因为你战胜了自己的怯懦和卑微，你在创造自己的时代，从这个角度来讲，倘若你不成功，那么谁还敢夸口说自己已然获得成功了呢！

“利”是道义路上的绊脚石

呜呼，一个社会必须处处都有可以共事的人，才是兴隆之相。越是老朋友，越不能合作，乃上天赐给中国人的一种严厉惩罚。

——柏杨《冒出几个主意》

柏杨为人忠厚，谦虚和蔼，宁愿人负我，绝不我负人。对穷人充满同情，对朋友从善如流。又是因为他过于善良、无私，对人缺乏应有的警觉之心，连“害人之心不可有，防人之心不可无”的原则也常忽略，而吃亏上当，遭人暗算。

吕坤在《呻吟语》中说：“你在冤屈的时候，心居广大，则无往而不泰然。”他继而进一步阐述他的看法：“在遭遇患难的时候，内心却处在安乐；在身处地位贫贱的时候，内心却达到了富贵；在受冤屈而不得伸张的时候，内心却是居于广大宽敞的境界，就自然会无往而不泰然处之了。心底无私，天地自然宽。”

人的一生怎么可能不遇上一点曲折，不被别人误解？天下之大，哪能什么利益、好处都被你占了去？不被理解的时候就觉得委屈，得不到好处，就抱怨命运的不公平，不思自己是否努力，只是怨天尤人，是什么事情也做不好的。遇到了不公正的对待，要豁达大度，不要以一事一时的不顺利为念，应该看到社会的发展，什么事情都不是一成不变的。

孔子和墨子一个不愿无功受禄，一个不愿卖义获封，他们二位固然都是当时的大贤，有他们不菲的自身价值，但如果他们放弃做人，不过一介凡夫而已，又有什么圣贤的价值呢？所以，义不苟取，正是这二位圣贤的价值所在。在他们看来，他们自身的价值，他们的学说，他们的人格精神，其价值远在人主所能赐予的爵禄食邑之上。

在“苛政猛于虎”、百姓不堪重负的元代，董文炳出任县令，逢朝廷开始普查百姓的户数，以便按户数征收税赋，并且下令敢于隐瞒实际户数的，都要处以死刑，没收家财。董文炳看到百姓的税赋太重，要百姓聚居一起，以减少户数，众官吏认为不能这么做，董文炳说：“为百姓犯法而获罪，我心甘情愿。”百姓中也有人不太愿意这样做，董文炳说：“他们以后会知道我要他们这样做的好处，会感谢我而不会怪罪我的。”由此，赋敛大为减少，百姓都因而很富足。董文炳的声誉波及四周，旁县的人有诉讼不能得到公正判决的，都来请董文炳裁决。董文炳曾到大府去述职，旁县的人纷纷聚拢来看他，有人说：“我多次听说董县令，无缘一见。今看到董县令也是人，为何明断如神呢？”当时的府臣贪得无厌，向董文炳索取钱物，董文炳拒不肯给。同时有人向府里进谗言诋毁董文炳，府臣便欲加以中伤陷害，董文炳说：“我到死也不会剥削百姓去得利益。”当即弃官而去。

后被重用的董文炳，在领兵进入福建后，《元史·董文炳传》记载道：“文炳进步所过，禁士马无敢履践田麦，曰：‘在仓者，吾既食之；在野者，汝又践之，新邑之民，何以续命。’是以南人感之，不忍以兵相向。”后来，“闽人感文炳德最深，高而祀之”。不仅百姓不忘记这样的良吏，历史也同样不会忘记。

“君子爱财，取之有道”，“无功不受禄”，是人们对钱财应有的态度。

见钱眼开，唯利是图，无利不起早，看似精明过人，实则这种人第一不可能发大财，第二财运不可能长久，因为他不懂得，世界上有比金钱更重要的东西。而财神爷也愿意经常照顾那些并非唯利是图的人，傻人有傻福气，就是这个道理。

子贡是孔子出类拔萃的学生之一，他在随孔子周游列国期间，观察孔子待人接物的言行特点，概括出五项道德情操——温、良、恭、俭、让，简而言之就是“五德”。西方学者阿德勤在《经典名著中的伟大观念》一书中，指出在西方被讨论最多的观念是上帝、知识、人、国家、爱。中国古代典籍中，讨论最多的大概是仁、道、人、天命、心性，而仁和仁所统摄下的义、信、忠、恕、智、勇等观念，尤为活跃。这些观念和范畴有的陈旧过时了，有的需要辩证地扬弃，但大多数仍然放射着智慧的火花和真理的光辉。

人，总不能赤条条地来到这世界上，又赤条条地回去。生老病死，人生难免。司马迁尝言：“人固有一死，或重于泰山，或轻于鸿毛。”这一千古名言，是对我国传统理论思想的生死观的高度概括。它激励了无数仁人志士为社会“舍生取义”，“视死如归”。

人的一生不能庸庸碌碌，无所作为。为了国家的利益，民族的振兴，人民的幸福，推动历史前进而献身，就是大仁大义，流芳百世，重于泰山；为剥削阶级和一己私利逆历史的潮流而动而死，就会遗臭万年，轻于鸿毛。

很久以前，有一个国王得了怪病，京城中所有的医生都束手无策。正当人们焦急万分之时，一位外乡来的医生自告奋勇，进宫为国王治病。这位医生果然身手不凡，国王日渐康复。国王非常感激，心想：“我有幸从病魔手中解脱，全靠了这位医生，我一定要厚赏他。他给了我欢乐，我也要回报他一个惊喜。”于是，国王暗地里吩咐侍臣携带很多财宝，赶到医生家乡，为医生修建高门大宅，家具摆设一应俱全，还为医生置办了大片田产，赐给了成群的牛羊。一切都安排妥当后，侍臣又悄悄回到王宫。这时，国王的病已彻底痊愈。他对医生说："我的病已痊愈，非常感谢你，你可以走了。"

医生原以为会得到丰厚的奖赏，可现在国王一点行赏的意思也没有，心中非常恼怒，但也只好暗自将怨恨咽下肚，不悦地空手上了路。一路上，医生的心中都在想这件事，越想越恼，越恼越想。在愤恨不平的情绪中，医生回到了家乡。可回家以后的所见所闻，却让医生目瞪口呆。医生在惊愕之余，不禁惭愧至极。他颇为感慨地想："国王真是位有德之人，知恩图报，给我的奖赏远远超过了我所希望得到的，而我却心胸狭窄，误疑国王是个不义之人，一路之上咒恨在心，实在是愚痴至极啊!"

有道是：善不求报。人们常常在帮别人做了一点事或是施了一点恩惠后，内心就期望别人马上回报。倘若没有立刻得到回报，就会心生怨恨，进而冷落对方。这实在是心胸狭窄而功利至极。见人有难，助一臂之力，当出于道义、良心、责任，这才是君子。

常言道：人到七十古来稀。人生不过百岁，就应该做个好人，存着好心，多行善积德。有什么利益可以超过百岁，能带到棺材里去呢？有的人为了蝇头小利，于最起码的仁义道德都不顾，丧尽天良，为所欲为，被世人痛骂。一个重视道义的人，能把千辆兵马的大国拱手让人，而一个贪得无厌的人连一分钱也要争个你死我活。为了谋求天下人的幸福，牺牲自己的利益，这种人永远活在人民的心目中。所以，"谋事公道，人我不二"的"糊涂"之人，他们舍弃一己私利，成全公义，最终为天下人尊敬、爱戴。

生命在不息中求得精彩

一个人有上台的，必定有下台的一天，天底下没有只上台而不下台的怪事。

——柏杨《天才和努力》

柏杨先生影响了许许多多的文人。在专制体制之下，他不惧危险，为民主人权而斗争。更确切地说，也许柏杨先生一开始没有意识到所作所为的危险性。作为一位无权无势，无拳无勇的文人，他面对强权的打击不再退缩，坚持走上一条充满艰险的不归之路，为中国的自由民主献出了一生。这样的勇敢，超过了古代的武士。

精彩卓越的人生，生产于不懈的追求之中。我们没有权利去虚度一生，我们却有责任去追求成功。成功对每一个人都是公平的，只有对自己负责的人才是最后的胜利者。执著和坚毅、自信和勇气，都是我们制胜的法宝，只要永不放弃，我们就会永远拥有成功的机会

精彩的人生总是有精彩的理由，如同美丽的花朵离不开精心的呵护。在我们享受生命，羡慕别人美好生活的同时，别忘了“付出才有回报”的

道理，任何一次成功，都是汗水和智慧的结局。成功固然美好，而过程尤其耐人寻味。

如果将成功看作白天，将失败看作夜晚，如果你没有熬到天明就睡去了，在醒来时仍旧是夜晚。世界著名的推销大师即将告别他的推销生涯，应行业协会和社会各界的邀请，他将在该城中最大的体育馆，作告别职业生涯的演说。那天，会场座无虚席，人们在热切地、焦急地等待着那位当代最伟大的推销员作精彩的演讲。当大幕徐徐拉开，舞台的正中央吊着一个巨大的铁球。为了这个铁球，台上搭起了高大的铁架。一位老者在人们热烈的掌声中，走了出来，站在铁架的一边。他穿着一件红色的运动服，脚下是一双白色胶鞋。人们惊奇地望着他，不知道他要做出什么举动。这时两位工作人员，抬着一个大铁锤，放在老者的面前。主持人这时对观众讲：请两位身体强壮的人，到台上来。好多年轻人站起来，转眼间已有两名动作快的跑到台上。老人这时开口和他们讲规则，请他们用这个大铁锤，去敲打那个吊着的铁球，直到把它荡起来。一个年轻人抢着拿起铁锤，拉开架势，抡起大锤，全力向那吊着的铁球砸去，一声震耳的响声，那吊球动也没动。他就用大铁锤接二连三地砸向吊球，很快他就气喘吁吁。另一个人也不甘示弱，接过大铁锤把吊球打得叮响，可是铁球仍旧一动不动。台下逐渐没了呐喊声，观众好像认定那是没用的，就等着老人作出什么解释。会场恢复了平静，老人从上衣口袋里掏出一个小锤，然后认真地，面对着那个巨大的铁球。他用小锤对着铁球“咚”敲了一下，然后停顿一下，再一次用小锤“咚”敲了一下。人们奇怪地看着，老人就那样“咚”敲一下，然后停顿一下，就这样持续地做。十分钟过去了，二十分钟过去了，会场早已开始骚动，有的人干脆叫骂起来，人们用各种声音和动作发泄着他们的不满。老人仍然一小锤不停地工作着，他好像根本没有听见人们在喊叫什么。人们开始愤然离去，会场上出现了大块大块的空缺。留下来的人们好像也喊累了，会场渐渐地安静下来。大概在老人进行到四十分钟的时候，坐在前面的一个妇女突然尖叫一声：“球动了！”刹那间会场立即鸦雀无声，人们聚精会神地看着那个铁球。那球以很小的摆度动了起来，不仔细看很难察觉。老人仍旧一小锤一小锤地敲着，人们好像都听到了那小锤敲打吊球的声响。吊球在老人一锤一锤的敲打中越荡越高，它拉动着那个铁架子“哐哐”作响，它的巨大威力强烈地震撼着在场的每一个人。终于场上爆发出一阵阵热烈的掌声。

在掌声中，老人转过身来，慢慢地把那把小锤揣进兜里。老人开口讲话了，他只说了一句话：在成功的道路上，你没有耐心去等待成功的到来，那么，你只好用一生的耐心去面对失败。

锲而不舍，金石可镂。成功的背后就是千万次的重复和枯燥，如果没有坚忍不拔的毅力和战胜困难的勇气，成功就永远遥不可及。无论最初付出了多少汗水与心血，可一旦放弃，所有的成果都将付诸东流；只有坚持不懈地努力才会让眼前的事物发生质的改变，哪怕你现在的力量还很卑微。

人一生下来就是独特的，与众不同的。所以你的个性是客观存在的，我们很难改变它，而最好是去发现它。在希腊帕尔纳索斯山南坡上，有一块巨石上赫然镌刻着这样几个大字：认识你自己！这就是古希腊哲学家们普遍认为的人类最高智慧。人最熟悉的莫过于自己，最陌生的也莫过于自己；最亲近的是自己，最疏远的也是自己。老子说：“知人者智，自知者明。”禅宗有言：“明心见性。”目标设定的过程，根本还是一个“自知”，一个“认识自己”的过程。每个人都有特殊的职责或使命，他人无法越俎代庖。生命只有一次，所以实现人生目标的机会，也仅有一次……换言之，人必须对自己的生命负责。“天生我材必有用。”个人的价值就在于把个人深藏的资质和整个世界联系起来。只要“热爱”，只要“适合”，就是与世界最强的联系。

无论你最终是工人、农民、军人、艺术家、医生、企业家、商人还是律师、广告人，只要你做着适合自己的工作，你就会感到，既与自己的心灵，又与身外的世界紧密地联系起来了。那些成功者和你我并没有什么不同，他们只不过认识了自己，找到了自己真正的“适合”和“热爱”，并且在生活中永远把它置于一切之首，而心无旁骛地奔向自己的目标。很多人对自己的能力和特长，从来不去分析，不去发现和挖掘，这是多么愚蠢；而有的人正好相反，不知道自己的缺陷和能力的限度，这同样是愚蠢的。

了解任何一个人的所有能力，同时知道他力量的限度，这是一种智慧。荀子说：“大智有所不虑，大巧有所不为。”之所以成为大智大巧者，就因为扬其长而避其短。大家都知道，在海外华人中一直享有极高声誉的“功夫之王”李小龙的武功十分了得。但是却很少有人知道，李小龙练武本来是有先天缺陷的。首先，他是近视眼，必须戴着隐形眼镜。对此，李小龙坦诚地说：“我从小就近视，所以我从咏春拳学起，因为它最适合做贴身战斗。”其次，他的两脚不一样长，右脚比左脚短五寸，但也正因为如此，他左脚专事远踢、高踢，如狂风扫叶；右脚专事短促的阻击性踢法或隐蔽性踢法，近身发腿如发炮。同时，两腿的不一致使他摆出的格斗姿势优美别致，独具特色，成为一种武功流派的典型。“我接受我的极限，毫无怨言。”李小龙如是说。当你觉得日子过得很累，工作干得很苦，那么，你就可能扮错了角色。当你不是你时，你就待错了地方，扮演了别人，这样不如生活在地狱，如鸟在水里鱼在天上。只有努力找出什么是自己，才知哪里是自己的天堂。让鱼游泳，让鸟飞翔。了解自己最单纯的目的。当你做对了事，当你做着最适合你的事，当你的所作所为利己又利人而赢得人们尊敬时，幸福和成功就会携手而至。用一段空闲的时间，找一个安静的处所，认真地深刻地想一想自己的个性如如何?

世界上没有两片完全相同的树叶，也没有两上完全相同的人，每个人都有他独特的个性及特点，发掘你的才干和天赋，认清你的缺陷和劣势，做自己想做的事，不但成功与你有约，人生也会因此而更加精彩。

第四章

梅子黄时爱意萌——柏杨的情爱天空

有钱了，请你离开我

贫贱夫妻百事哀，贫贱夫妻辛苦耕耘，成为富贵夫妻后，百事可能更哀。

——柏杨白话版《资治通鉴·遍地血腥·五三五年乙卯》

大多数的人都有喜新厌旧的毛病，尤其是从贫穷走向富贵的人物。贫贱夫妻虽穷苦一些，总还是你敬我爱，互相扶持，有的甜蜜，可等到某一方（大多是男人）发达了，事情就会峰回路转，出现令人意想不到的状况。

柏杨先生在他的作品《痴心女子负心汉》中讲了一个故事，期望能给普天之下的男女一点训导，一点教导或一点启发。

这个故事原本是这样的：我有一个表弟，民国初年结婚，执教于我们县的小学堂，为人沉默寡言，有儒者风，大家均目之为圣人，虽因家贫，而年龄又长，未能继续求学，但上进之心，固未戢也。抗战军兴后，夫妇逃出，他已将近四十，竟辗转进了某大学堂。家乡沦陷，自没有接济，教育部的贷金根本不够糊口，笔墨纸砚，以及衣服鞋袜，全靠其妻为人洗衣服做针线收入维持。他三年级时，我途经该校，时已深夜，表弟仍在一盏如豆的油灯下苦读国际公法，而表弟媳则在灯影下为人洗涤，脏衣如山，诚不知要洗到几时也，做丈夫的告我曰：“表哥，我读书，却苦了太太!”言毕泪下。

夫妻情浓到这种程度，可以说把人羡慕得要死。丈夫对妻子的感激，恐怕再不能有逾于此。他们恩爱终身，白头偕老，固敢预卜也。独柏杨先生心中有一个结，在他们那里坐得越久，此结越是沉重，终于掩面告辞。回到旅店，把见闻告知同行的某教习，教习赞叹不已，我曰：“你看他们将来如何?”教习曰：“妻子对丈夫如此，仁至义尽，将来丈夫一旦出人头地，他真不知要如何相报也。”我曰：“我看不是如此，将来丈夫幸而没有出人头地，她还有得快乐；如果一旦不幸而出人头地，恐怕她哭都来不及。”教习惊问何故，我曰：“十年之后，表弟年才五十，只要有钱，仍可风流一阵；且地位既高，酬酢必繁，彼时他太太已五十有五，小其脚而白其头，黄其牙而皱其脸，又不甚识字，他能一直带她在身边耶?”语未了，教习大怒曰：“想不到你阁下竟有如此禽兽想法，使人毛骨悚然，我算认错人，咱们的友情到此为止，你这种人实在可怕。”言毕唤茶房结账，另辟一间去住，把我搞得无地自容。此教习后来弃教从政，着实做了几任大官，我方悟出一个人必须随时随地以卫道姿态出现，才有前途；若柏杨先生者，好口吐真言，属于时代渣滓者流，理应弄到今天饥寒交迫。

自从和表弟上次一晤，战乱频仍，音讯渺然。五年之前，我赴日本办事，在大阪街上东张西望，以开眼界，竟忽然碰见，他当上了领事之类的官。异地相逢，自十分亲切，把我请到他家，临进门时，附耳曰：“表哥，慎言，慎言!”正惊讶间，一个娇滴滴的北平女高音在里面呼曰：“阿秦，你回来啦?我在门口望了你两三次哩!”阿秦，表弟小名也，言毕一少妇穿着三寸半高跟鞋，噔噔噔而出，观其年纪，不过三十，雍容华贵，美丽逼人。那一顿饭吃得可以说别天下之大扭，该表弟媳知我为表兄也，一再殷勤探询她丈夫的家世，我只好撒一大谎包之，曰表弟家有千顷之田，守身如玉，而眼眶子真高，视普通女子蔑如也，如今果然得一绝色佳人矣。她得意地笑嘻嘻，拼命给我夹菜，临走时还送了我一套和服，以便浴后穿之。呜呼，谁说谎话没有好处耶？

表弟送我归去，悄悄告曰，表弟媳为某大官之幼女，大学堂毕业生也。

我问他从前那个太太安在？他曰：“离了婚啦。”离婚二字，本含平等之意，二人意见不合，各人走各人的路之谓，然而独独在这种情形之下，却有点不同。用旧名词，是他“休”了她；用新名词，是他把她甩掉，把她一脚踢开。用不着打听，我那前任表弟媳不会另攀高枝。不禁叹曰：“畜生，畜生，你怎么忍心？”他曰：“表哥，先别瞎嚷嚷，你如果也有像我这样的境遇，你敢保证不变心？”我气馁曰：“然则，你和她硬离之后，茫茫人海，她将何以为生？”他曰：“我仍暗中接济。”我曰：“何不谋和平共存？”他曰：“你看我现在的太太肯和她平妻乎？”谈到这里，他忽然说老实话曰：“不是我要离，实在是她太拿不出去。”

柏杨讲这个故事的目的在于说明世界上确实有这种对妻子忘恩负义的丈夫，而且颇为普遍。诚如刘秀先生所云：“这是人之常情。”防止这种人之常情的法宝，靠钢铡没有用，靠道德的制裁也没有用，不是说没有小用（对懦夫固有小用），而是说没有大用。问题在于丈夫成功之后，形势比人强，他需要的不再是吃苦耐劳、蓬头垢面的妻子；而是花枝招展、雍容华贵、“拿得出去”、“不丢他的人”的妻子。共患难之妻，彼时色衰气粗，往往难当此重责大任。

所以，女人，要想保住自己的爱情，一定不要试图用自己曾经为他奉献了多少种种作为要挟，而要用韵味来抓住你的男人。

世上有一种斗争，虽然最终注定失败，但却因精神的美丽，而虽败犹荣。女人与时间的斗争便是这一种。作为女人，没有不希望青春永驻的，但青春永远只是人生的美丽过客，来不及缱绻情长，便倏然离去。所幸的是还有精神，还有女人味。

失去女人味的女人就像鲜花失去了香味一样可怜可悲。如果说青春少女是一首浪漫的诗歌，节奏明快，旋律生辉，恰似春光明媚；那么，中年女性则应该是一篇抒情散文，情愫悠悠，蕴涵深邃，令人会心耐读。“宁可抱香枝上老，不随黄叶舞秋风”，珍惜这份上苍赐予的华美礼物吧！让女人味伴随一生，应该是每个女人毕生的追求！

生活中的女人假如能够清醒地看到自己的上述种种不足，不拒绝服装文化、交际文化、化妆文化，那么青春不再的她们将会变得更清新、稳重、善解人意，更显成熟女人的风采。

“富易妻”，“易”，还是“不易”，看的不过是暂时落后的一方自身的修为，上不上档次，够不够水准罢了！无论男人还是女人，想要摆脱被厌恶、被抛弃的命运，最好的办法就是修炼自己。

储放爱的冰箱

爱情既不稳定，想使它稳定，要靠小小情趣去培养，没有不断的和新的刺激，爱情即陷于平庸和俗而不堪之境。

——柏杨《滚到十八层地狱》

用俗得不能再俗的一句话来开启要谈的内容："愿爱情之花长开不败"。虽然你听了可能要酸掉大板牙，但有几个人希望自己的爱情昙花一现而留下一辈子的时间去回忆曾经片刻的美好呢？当然是爱得越持久，越甜蜜才好！

给爱情保鲜，让自己得到永远的幸福，大概是所有女人都梦寐以求却不得其门而入的事情。

柏杨先生说："爱情乃感情的一种，而感情是变化多端的。……爱情既不稳定，想使它稳定，要靠小小情趣去培养。没有不断的和新的刺激，爱情即陷于平庸和俗而不堪之境。于此我们乃发现有一种观念，曰：‘反正我们已是夫妇啦，还讲究个啥?’那才是天杀的观念，有此观念的人，就容易成为悲剧或惨剧的主角。

“不知道是哪一个丧尽天良的家伙，发明了‘荆钗布裙’的理论，劝年轻妇女在家不要打扮。一些木瓜型的女人，为了孩子和丈夫，家里搞得如难民收容所，自己也搞得蓬头垢面，脸黄肌瘦，指甲里污垢盈尺，辛苦得像一条刚犁过田的老牛，未开言先打呵欠，既没有工夫看报，更没有工夫看书。偶尔非发表点高论不可时，说出来的也是纽约城张飞战岳飞的高论，自己即令不在乎，做丈夫的却在乎也。”（柏杨《滚到十八层地狱》）

虽然现在的女大学生、硕士生、博士生多得和男性一样，但可悲的是，瞧来瞅去，整日里光鲜亮丽的依旧只是那么几个。几十年了，中国女性竟还没有长进，不少女人在婚后将情趣几乎全部转移到孩子、丈夫、家庭的生活琐事上，忽略了自己的情趣发展。诚然，家庭生活需要井井有条，孩子需要健康成长。但在“生活料理”的同时，“心理哺育”却是万万不可忽视的，一个整天唠唠叨叨的主妇，即使再勤快，也不会创造出和谐美妙的家庭环境。

在生活中，女人有许多令“大丈夫”们失望的地方：比如你想练一练书法，绝大多数妻子不仅不能捧茶研墨，恐怕还要训斥你几句。有时因种种原因与相貌一流的女性相识，着实让你心跳出汗，但说了一阵子话，对方那“三分钟的魅力”便荡然无存，因为完全没有共同的情趣。

因此，在“男性的情趣世界”里出现几位女性，便觉得她是十分可亲近的，比如在鱼市上与丈夫和孩子一起买热带鱼的妻子，足球看台上“万绿丛中一点红”的足球宝贝，等等。

女人年轻时，美貌似乎是重要的，但到了婚姻之中，女人最吸引人的便是情趣了。

林语堂在《浮生六记》的序言中说："芸，我想，是中国文学上一个最可爱的女人。……她是我们有时在朋友家中遇见的有风韵的丽人，因与其夫伉俪情笃，令人尽绝倾慕之念。我们只觉得世上有这样的女人是一件可喜的事，只愿认她是朋友之妻，可以出入其家，可以不请自来和她夫妇吃中饭，或者当她与她丈夫促膝畅谈书画文学（腐乳）卤瓜之时，你们打瞌睡，她可以来放一条毛毯把你的脚腿盖上。也许古今各代都有这种女人，不过在芸身上，我们似乎看见这样贤达的美德特别齐全，一生中不可多得。你想谁不愿意和她夫妇，背着翁姑，偷往太湖，看她观玩洋洋万顷的湖水（而叹天地宽），或者同到万年桥去赏月？而且假使她生在英国，谁不愿意陪她参观伦敦博物院，看她狂喜坠泪玩摩中世纪的彩金抄本？"

在这里，林语堂显然是按照他的现代观念，对陈芸进行了时髦的包装，其实陈芸只不过是沈复笔下一个生长在崇尚"女子无才便是德"的清王朝的女子，略通文墨而已。但是，沈复笔下的陈芸的确是一位性格鲜明、思想高超、行为独特、很有审美能力和幽雅情趣的人物。因为她的浪漫、痴情、机敏、放达等很多因素，使得大才子沈复对她这个相貌并不出众的女子生死相依。在她去世后似凤失凰，痛之念之，铭记在心。这个女子，难道不是非常成功的吗？

"情趣是性格和智慧的化合物，有此境界与否，和知识水准没有必然关系。有些不认识几个字的夫妇，穷苦不堪，其乐却硬是无穷。这类例子太多，举都不胜枚举。柏杨先生逃难到广州时，见一对类似乞丐的夫妇，挤在一间小房之中，连大门都没有，只挂了一只白布门帘，女的俯在一盆水上照映梳头，男的还在唱哩。但相反地，有些大官富商夫妇，却经常一个月两个月不说一句话，而说起话来也庸俗得叫你浑身发烧。"（柏杨《滚到十八层地狱》）

这便是情趣，即使是出现在一对穷困潦倒的夫妻身上，也让人怦然心动，让人觉得生活如此美好。聪明的女人懂得改变自己，让自己每时每刻都娴静而且美丽着。她们创造有情趣的生活，以此来抓住由虚幻渐变为真实的感情，她们会尽一切努力，让爱情永远在热情中快乐地生长。

想做个智慧而富有生活情趣的女人，你就必须得学会不断“充电”。注意时事、关心环境、了解政治、接近人文，新世纪女性拥有热切求知的好习惯，书籍、电影、网络将是她们最好的伙伴。掌握一门以上的外语或进修一门实用课程，对于她们来说是提升自己、开拓事业必不可少的手段。她们认为一个知识与智慧、美貌与才情兼备的女人才会充满了活力与信心，也才会真正对男人有吸引力。

在未来的生活中，男人并不苛求女人在各个领域里能与异性并驾齐驱；男人渴望的是女人与男人有相同或接近的生命活力与情趣。

新世纪女性有不断扩大的社交圈，艺术表演、科技研讨、商贸交流、国际环保，只要对自己有益的朋友，她们都不会拒绝。从朋友身上，她们开阔眼界、学习新的知识、参与公益活动，也为自己创造打开世界的机会。

更多的女性会选择独身旅行的方式度过自己的闲暇时光。她们认为单独旅行不仅处处摄取新知，更是一种自我探索，与陌生的外界相对，绝对能够培养自律、训练自信，感觉生命的完整。只有更多地感受生活形态，才能明白自己真正适合什么样的生活。在与大自然近距离的“亲密”接触中，女性的自我料理能力将愈加增强，心灵将愈加健康而自由。

现代女性关爱自己身体的每一部分，会将更多的时间和金钱花在有益于健康的活动上。跑步、游泳、健身、爬山，只要是对身体有好处的事，她们都乐此不疲。健身操、芭蕾等与音乐相关的运动将继续风行，大多数女性每周至少会有一次这样的运动机会，她们认为体育与音乐对培养自己的气质起着重要的作用。

无论何时，都要记得，一个有文化，有教养，有情趣的女人，其魅力是可保终身的。也许你的美貌会随着时间溜走，但是情趣，会成为时光特意为你酿造的美酒，愈是久远，愈是香醇醉人，愈是价格昂贵，愈是让人爱不释手。

气质让你貌美如花

内在美完全靠自己修炼，而修炼则靠读书和反省。

——柏杨《丑的定义》

世界上所有的女子大概没有一个不希望自己长得漂亮的。不过，普天之下的女子并不用非要以面目华美才觉得骄傲，稍微差强人意一点便感到揪心。柏杨先生训导那些大大小小的迷失在为追求漂亮诱惑而不惜挥金如土，乃至敢在自己身上动刀动枪，开胸破肚的女子们说："所谓'美'者，面貌占的百分比并没有想象中那么重要，一个曲线玲珑、体态婀娜的女孩子，就是面貌差一点，也同样有火热的魅力，而且，还可以使差一点的面貌转为妩媚。"（柏杨《面貌并不严重》）

"外在美是一种美，而内在美也是一种美，二者看起来是两回事，实际上相辅相成，异其曲而同其工，是构成女性魅力的两大要素。一个一肚子草包的美女，她的前途恐怕难测得很，不要说一肚子草包啦，就是言语乏味，其面目自然而然地会走到可憎的一途。漂亮女孩子如果在学识、性格、做人、人格、仪态谈吐上，有深度的修养，那将使她的美更加光彩万丈。而对一个面貌上不敢恭维的女孩子，如果学识丰富，谈康德就谈康德，谈莎士比亚就谈莎士比亚，琴棋书画，而性格温柔，深知做人三昧，对亲戚朋友同学邻居，都诚恳真挚，一团和气，既不做作，也不忸怩。至于其人格顶天立地，更不在话下——有女如此，即令她长相差劲，也同样使男人爱她。天下最可怕的事‘丑人多作怪’，有些女子，其貌平平，如果稍微在内在美上下点工夫，马上就可颠倒众生。可是她偏偏不走这条路，而走了‘作怪’路，以致天怒人怨，男人见了她就赶紧往屁股上绑马达，溜得飞快；而男人越溜得飞快，她阁下也就越是作怪。相激相荡，她的精神和感情遂在这个世界上完全孤立。因‘作怪’之故，其嘴当然是硬的，但其芳心恐怕难堪得很。”（柏杨《丑的定义》）

《庄子·山木》上有这么一个故事，说的是中国春秋时代，秦国有个聪明的人名叫阳子。有一次，阳子与弟子们到宋国去，住在一间旅店里，这旅店的老板有两个太太，一个长得非常漂亮，另一个却生得很丑陋。照常理来说，漂亮的女子，人家都喜欢她、敬重她；而那些丑样的女人，人家总是不喜欢她、看轻她，就像西施和东施一样。可是令人惊讶的是，这旅店老板的两个太太却恰恰相反，生得丑陋的太太，店里许多伙计很敬重她；而长得漂亮的太太，每个伙计反而鄙视她，不喜欢跟她说话。

阳子看到这样，觉得很奇怪，就找旅店里的一个伙计问他道：“你们那个老板娘长得那么美，为什么你们不跟她说话？”伙计说：“美有什么用？她因为容貌生得漂亮，就感到骄傲，自己以为很了不起，什么人都不放在她的眼里，好像只有自己是高贵的，别人都下贱一样，因为这样，我们每个人都讨厌她，日子久了，每个人都看不起她，不喜欢跟她说话了。”

阳子听了觉得很有兴趣，再问他道：“那么，那个丑的呢？”

“她啊，的确是个好人！”伙计笑着竖起大拇指说：“因为她其貌不扬，起初我们有点讨厌她，后来看到她为人慈和、诚恳、谦虚、宽厚，处处照顾到人家，每个人都改变了观念，喜欢和她接近说话了。日子一久，我们只觉得她是一个好人，和蔼可亲，不知道她丑陋在哪里，因为这样，大家都敬重她。”

“啊！原来是这样的。”阳子明白了，他转身对弟子们说：“你们记住！品行贤良但却不自以为具有了贤良的品行，到哪里去都会受到敬重和爱戴啊！”

这则故事说明人的内在美实在是比外表美重要；如果你具备了内在美，即使你的外表不是很美，还是能够得到人家的喜爱与敬重。就像古代的贤后无盐，虽然貌丑，一样能把所有人的爱戴集中在自己一个人的身上。

可是，爱美是人类的天性，小孩看到美丽的花儿也会在小小的心灵中生出喜爱。美是由外表而深入内在的，一个人长得五官端正，仪表不俗，男人被称为英俊，女子则被称为美丽、漂亮。然而，这种外表的美虽然得到人家的喜悦，却不足以表示万物之灵的人类特征。人类的特征是什么？是德行。德行是指一个人的慈和、诚恳、谦虚、忍让、宽厚等品行。人类的内在美就是内心的德行；一个人光有外表美而缺少了这些德行的内在美，实在是美中不足。

美是可以培养出来的。其重要途径就是读书和反省。“腹有诗书气自华”是通用于男女的灵丹妙药，而“一日三省吾身”，则帮助你往正道上走，不做有损德行的事。

有人不太明白气质的定义，气质是指人相对稳定的个性特征、风格以及气度。性格开朗、潇洒大方的人，往往表现出一种聪慧的气质；性格开朗、温文尔雅，多显露出高洁的气质；性格爽直、风格豪放的人，气质多表现为粗犷；性格温和、风度秀丽端庄，气质则表现为恬静……无论聪慧、高洁，还是粗犷、恬静，都能产生一定的美感。相反，刁钻奸猾、孤傲冷僻，或卑劣委靡的气质，除了使人厌恶以外，绝无美感可言。

一个人的真正魅力主要在于特有的气质，这种气质对同性和异性都有吸引力。这是一种内在的人格魅力。

身为女子，即使不太漂亮，也要专心修炼自己的气质。只要够自信够勇敢，宇宙万物都会为你的美所惊讶和折服的。

爱情要由你变好

爱情是感情的一种，是直觉的；不是理智的，不是知识的。二加二等于四，七岁时学得，到八十岁都不会更改，再变化多端的人，都不能说到了八十岁时，忽然发现二加二等于六。

——柏杨《山阴公主万岁》

爱情是人的一生最美丽的感情。

柏杨在谈到夫人张香华女士时，曾一往情深地说：“香华是个智慧型女性，我身经百战，有幸娶到她，是上帝总结我们的一生，赐下的恩典。

“我和香华不但是夫妻，而且是朋友，我们互相勉励、警惕、责难、规劝，我复杂的生活背景，和她无从询问、我也无从回答的心路历程，使一个醉心于红尘外诗世界的单纯女性，难以承担。过去发生的事，她全不了解。甚至根本不肯相信。但她有异乎寻常的包容力和理解力，她的理性有时候使她能冷静面对问题。尤其在做人上给我很大启示，她任何时候都给对方留下余地，从言辞到内心，使我在六十岁以后，仍奋力成长。”（柏杨《新生》）

柏杨婚姻的成功，事业的继续蓬勃发展完全是靠了这样一位红粉知己的鼎力相助。也许，这也是多数男人心中最钟爱的女性形象，她的美好不在容貌的鲜妍明丽，而在内心的一点敏感，一点气质。

女人要把握爱情的主动权，首先应该在内在气质上进行提升，有以下几个方面可资参考。

柔静：温柔不用多说，女人自己也清楚，大多数男人挑选女人都会把这个词搁在第一的位置。温柔是女人特有的武器，是作为女人不可缺少的一种最基本也是最重要的品性。

细致：一定要仔细观察他的习惯，他喜欢的一切，当然最重要的是他的生日，你们初次见面的日子，第一次他送什么礼物给你，切记，切记。

知识广博：除了知道女人要知道的事以外，也需知道男人们懂的事，比如罗纳尔多又转到哪支球队了、大众又出哪款新车型了、世界格局又怎样变动了、股票是涨了还是跌了、电脑又有哪种新病毒了，等等，不愁没有共同语言。

体贴：男人不怕为女人花钱（当然他得有钱），尤其是为心爱的女人。但女人一定要头脑清醒，因为男人也是需要回报的，那就是希望得到女人的体贴与关怀。女人只要适时地表现一下怎样觉得自己的男人不易，怎样心疼他，男人就会幸福地把存折的密码全都告诉你。

可爱：保持一颗“童心”，凡事以小朋友的角度去判断分析，就是可爱，但要把握好度。

大方：该大方的时候一定要大方，为人处世不小气、不嫉妒，不传闲话，不无端耍脾气，大方的女人往往朋友多，自然男性朋友也多。

独立：不是独来独往，但是绝对有遇事自己解决的能力。不依附于男人，有自己的工作，有自己的朋友，喜欢的东西不用男人的钱也能买得起，自己的事自己处理，做错事自己负责。有男人爱很幸福，没男人爱也快乐。这样的女人最容易被男人爱。

经过甜蜜浪漫的恋爱期，两个人携手进入人生的重要阶段——婚姻。

结了婚的男女往往有三个过程是必经的：

浪漫如花香弥散期——这属于充满“吸引力”阶段。新伴侣的外表形象让你深深着迷，脑子里都是他的影子，无法自拔。这是一种感官上的兴奋刺激，而不是出自内心的承诺。这个阶段通常很快就会结束。

依恋如燕语呢喃期——这个阶段的特点是，双方已成为对方的另一半，不论什么事都有另一半的参与。你会不断想起对方，并且有一阵子会觉得自己像孩童般的完全依赖着他。

熟悉到若有若无期——关系由亲密无间到习以为常到无可奈何。分离，依附，还是联结？到了最后，你还是必须作出选择。是要结束这段关系呢？还是要维持这段感情？是努力改变现状？还是要劳燕分飞？是忍耐、是挣扎，还是解脱？

几乎每对伴侣都要度过这三个阶段。如果双方都只想获得、却不愿付出，那么这段婚姻很快就会被掏空，甚至荡然无存。只有两人都愿意全力以赴、相互提携，才可能会有健全的婚姻关系。

一个会爱的女人，从她准备做新娘的那天起，就用毕生的努力来维系、更新她的爱情。因为，她深知一纸婚约并不能替他永远守住一颗心。她懂得激情总会冷却，唯有平平淡淡的相依相守才是婚姻的真谛。

爱情并不是你对这个人的感觉，而是你对待他的方式。爱情并不是你觉得感情多么强烈或多么激情，而是你每天和他一起做了些什么事、或为他做了什么事。一旦你学会如何实践爱情，爱情便会与你长相左右。

会爱的女人明白：两个在不同环境下长大，有着不同的经历不同个性的人走到一起，必然会有一个相互了解相互适应的过程。在这个过程中，选择放弃就是选择新生，选择希望。她不会企图去改造她的丈夫，她知道那将得不偿失，男人们的固执有时候需要女人用一生的智慧才能真正领略。而固执的男人一旦产生逆反心理，他离你而逃的日子也就不远了。

一个会爱的女人特别重视提高家庭的生活质量。她总是把自己最漂亮最精彩的一面展现给爱人。会爱的女人深知丢失了自己也就丢失了一切，她很注重提高自身的素质，与时代一同前进。她拥有自己的思想自己的追求，这令她永远充满活力与魅力，令她的丈夫不得不一次又一次地对她重新认识。他们的爱情也不断得到升华。她知道这叫做：爱情与婚姻同步。

会爱的女人心里有数。她明白：女人受到挫折还有男人的臂弯可以依靠，而男人却必须赤裸着胸膛承受着一切重负。因而，她把家精心营造成一个温馨的小巢，带给自己丈夫妻子的娇柔和母亲的宽容，使丈夫困顿时能得以安歇调养，情绪激烈时能得以舒缓释放，遇到矛盾也可以在这里得到温柔地化解。

会爱的女人深知：与第一次婚姻相比，第二次婚姻的家庭关系会更复杂，家庭成员的沟通会更困难，夫妻间的相互接纳和适应会更需要耐心。所以她不会因为一时的软弱无助而匆忙投进另一个男人的怀抱。她学会了放弃，也学会了等待、宽容，更懂得理解、尊重；她不片面强调自己的心理感受，不提让丈夫为难的非分要求，考虑问题处理关系首先检讨自己是否存有偏心或私心。当一个女人已经成熟到可以深悟这一点的时候，她的爱情便会如金色之美般灿烂。

第五章

世事洞明皆学问——柏杨的处世学问

低头就能捡到金子

应该忍耐的时候，必须忍耐，才是负责态度。

——柏杨《形势比人强》

忍耐，是一种强劲的守势，也是一种隐藏的攻势。但凡能忍的人，无一不具备成为最高领导的潜质。“小不忍则乱大谋”说的是忍耐；“大人不计小人过”说的是忍耐；“好汉不吃眼前亏”说的也是忍耐；“扮猪吃虎”说的还是忍耐。

忍耐这个词可以说作用于生活中的方方面面。柏杨先生的智慧告诉我们：当你寄人篱下的时候，如果不用这两个字给自己加个“定身术”，说不准早已和亲友翻脸成仇。这可是件得不偿失的事情。一时的莽撞让你既磨炼不了“宰相肚里能撑船”的气度，又可能饥寒将近沦落街头；或许图了一时的爽快却换来可悲的境遇，真的不太值得。

清·金兰生《格言联璧·存养》中说：“必能忍人不能忍之触忤，斯能为人不能为之事功。”

谁不想功成名就，谁不想轰轰烈烈地干一番惊天动地的大事业？可是这世界上能干事的人不少，成大业的却不多，究其原因，方方面面的主客观因素都有。比如要有良好的社会背景，有千载难逢的机遇，也要有智商、文化、有修养等。但其中，“忍”也是成就大业的必备心理素质。

孔子曰：“小不忍则乱大谋。”也就是说想成大业、干大事，就得忍住那些小欲望或一时一事的干扰。对于有理想、有抱负，想为国家、为民族干一番大事业的人，这完全是必要的。

将忍耐化为我们日常生活和工作的智慧，“忍”功的修炼可以从以下几点着手。

第一，吃亏没什么大不了的。人们通常总是非常害怕吃亏，把这看成是人生第一大倒霉事。究竟什么是“吃亏”呢？究其根底，无非是个人的某些利益受到了损害。于是，一旦感到自己吃了亏，便慌张起来，赶紧采取什么补救措施，力求把受损的利益补回来。而这一慌，便非常容易出乱，一出乱，灾难随之来矣。因此，“吃亏而不慌”也是“忍”的一种常见的形式。

在这种形式中，突出的一个特点便是“不慌”。吃亏是经常的事，而且你并不知道它会从哪些方面入手偷袭你。就一般人而言，吃了亏，心里总是不好受的，会自然而然地产生一种失落感，这是不奇怪的，在心里也不必一定要阿Q式地自我解脱。关键在于不能为此而慌张起来，急于要把损失夺回来、补上去。“忍”就是“忍”在这里。必须看到，自己吃了亏，实际上也是得了一个教训，学聪明了一点，为人生交了一次“学费”，以后，便可以在生活中更机警、更聪明一些。如果急于想要去做就事论事的补救，可能会略有微薄的效益，但却常常是丢了西瓜，捡了芝麻。

其实，在生活中有很多事情自己认为是吃了亏了，但实际上并非如此。切不可事事过于功利。“塞翁失马，焉知非福”。多想一想，先别慌，“忍”下来，总归是有好处的。

第二，上一回当不必非要把自己气死不可。在日常生活中，人们通常把误信了某人的话、某件事、某个消息，而采取了错误的决策，作出了错误的判断，实施了错误的行动，而导致某种不利的结果，称之为“上当”。很多人一旦“上当”之后，往往恼羞成怒，一味地指责那些促成自己上当的当事者。这显然是不理智的。“上当”就“上当”，这是“忍”的又一种形式。既然已经上了当，又怎么办呢？你接受不接受，这一事实是存在的。会“忍”的人往往采取某种比较机智的做法，既然已经上当了，就心平气和地认可它，并加以幽默地化解，用某种调侃般的语言进行自我解嘲。

在这种“忍”的形式中，上当而不上火是精髓所在。它表明了人们接受某种已经发生的客观事实的坦诚心态，有了这样一种心态，便很容易把这种上当的事看成不足挂齿的琐事，以至于将它作为一种笑料丰富自己的生活。很显然，在已经上当的情况下，你就是把有关的当事人大骂一通，对自己也无济于事。既然如此，又何必呢？

第三，有容人之过的度量。所谓“容过”，就是容许别人犯错误，也容许别人改正错误。不要因为某人一有某种过失，便看不起他，或从此以某种眼光去看待对方，“一过定终身”。这也是一种“忍”的形式。

人非圣贤，孰能无过？谁都可能犯错误。这样一般而论，可能比较容易。而“容过”讲的则是这样一种“过”，它给自己带来了一定的损害，或在某种程度上与自己有关。例如，下属有了过错，合作者有了过错，或者是家人有了什么过错，等等。在这种情况下，能否以一种宽容的态度对待这种“过”，当然是衡量人的素质的一个标准。“容过”这种忍就是要压制或克服自己内心对于当事人的歧视，尽管自己心里并不痛快，感到懊丧，但却应该设身处地地为当事人着想，考虑一下自己如果在这种场合下会如何做，在做错了某事之后又有何想法。当然，这里需要“容”、需要“忍”的是对于当事人本人，而对于具体的事情本身则应该讲清楚，该批评的必须批评。

由此可见，“容过”这种“忍”的形式主要反映了人们的一种宽厚、宽恕的人格。很显然，能够“容过”的人，往往能够建立起和谐的人际关系、良好的群众基础。同时，也能够得到人们的赞许和认可。

第四，切勿迁怒于人。有时，人们可能在某一特定场合中出于一定的原因暂时地“忍”下来了。可是，人们往往还是压不住心头之火。于是，便随意地找一个对象加以发泄。这便叫做“迁怒”。而“戒迁怒”也是“忍”的一种必要的形式。

能否真正做到“戒迁怒”，是衡量一个人真“忍”还是假“忍”的重要标准。有些人在工作中不顺、受了委屈、出了纰漏，便回家找自己的太太、孩子撒气。这无疑是缺乏修养的表现，而且害人又害己。“戒迁怒”则正是要防止和杜绝这一类现象。曾经有人这样认为，有气憋在肚子里，对身心健康不利。此话当然是有道理的。有气可以向一些适当的对象发泄，但是，绝不能随便发泄。从心理学上讲，这种迁怒的主要原因常常是由于自己心里一时拐不过弯来，又无法转移自己的内在注意力所致。“戒迁怒”便是希望人们在心里堵着一团火的时候，尽快地转移自己的注意力和兴奋点。这样，便可以通过其他的途径解脱自己。而且更重要的是，当这样一种“气”使用在有价值的事情上时，或者说被用于某种有益的工作时，它往往会产生一种更好的效果。

忍耐之树上总是会不经意地掉下许多甜果子来的。如果你愿意，尽可以让自己俯下身子去捡——只不过是略低了低头，便得到了若干好处，为什么不去做呢?

同化敌人

对于敌人，最上等的策略是消灭他。如果不能，便应该包容。

——柏杨《英雄不牢记小仇》

受降，包容，非大将不能有其气度，非仁者不能有其胸怀。

秦将白起这辈子做的最大的错事就是杀降。

柏杨先生是用十分痛心的语气来转述白起事件的。

公元前260年，秦国大军围攻上党，赵军已多日没有粮食供应，官兵们饥饿难忍，在营垒里互相谋杀吞食。秦军的包围圈越缩越小，而且不断挑战。赵军统帅赵括遴选精锐，组成四队，同时向四面冲杀。秦军阵地防卫森严，坚固得好像铜墙铁壁，赵军反复冲杀四五次，死伤遍地，仍不能丝毫动摇秦军。赵括决心孤注一掷，以统帅身份亲自率领大军，发动最凶猛惨烈的一次突围。然而秦军拒绝肉搏，只以强弓对付，箭如雨下，赵括中箭而死。

统帅阵亡，赵军顿时崩溃，四十余万疲惫的官兵向秦军投降。他们正在庆幸终于逃出浩劫，想不到更悲惨的浩劫还在后面。秦军统帅白起说："秦国已占领上党，上党人却归顺赵国。赵国军队一向强悍，绝不会甘心当俘虏，如果不当机立断，将来可能发生大乱。"于是使用诈术，先使赵军安心，然后全部坑杀，只留下年轻军官二百余人，放回赵国，使他们报道凶信。这次战役，秦国获空前胜利，前后总共杀四十五万人，赵国野战军主力全灭，全国震恐。

任何一个具有高贵心灵的将领，都绝不杀降。俗云："杀降者不祥。"杀降的功效是立竿见影的，但杀降造成的伤害却长久不愈。国家、社会，甚至全国人民的道德品质，都要为杀降付出代价。历史上从没有一个准许杀降的政府付得起这种代价。秦始皇统一天下仅十五年而亡，不能说与白起坑杀赵卒的暴行没有一定的联系。

这就是血的教训，也是毁灭敌人使自己受损的最有力的证明。

所以我们要去欢迎敌人，诚心地接受他们，还有他们的智慧或缺点。

与敌人握手言和，绝对不会是两败俱伤，只会出现双赢的结果。并且，因为你宽恕的善行，人们会为你广树口碑。

如果你是个创业者，任何时候都不要忘了这样一条真理：尽收天下英雄，物尽其用。收而不用，会引起人才的反感和逃离；用而不竭，会引起人才的愤懑和怨恨，不止逃离，还会掉过头来咬你一大口。柏杨先生举了个再明白不过的例子来说明了这一点。

公孙鞅，是卫国国君庶子的孙儿，法家学派巨子，在魏国宰相府充当一名职员。宰相公叔痤知道他有才干，正准备推荐，却染病在床。魏国国君前往探病，十分悲痛地说："人，夭寿有命，谁能不死？然而你大去之后，国家大事，我跟谁磋商?"公叔痤说："我的随从官公孙鞅年纪虽轻，却胸有奇才，盼望你信任他，把国家交给他治理。"国君大吃一惊。公叔痤接着说："如果你不能用他，那么请马上把他杀掉，别叫他离境，否则他投奔别的国家，魏国必有后患。"国君又是一惊，支吾几句，起身告辞。公叔痤立即把公孙鞅找来，据实相告，劝他逃走。公孙鞅说："国君既不能听你的话用我，又怎能听你的话杀我？”国君出了相府，对左右说：“宰相语无伦次，一会儿叫我用公孙鞅当宰相，一会儿又叫我把公孙鞅杀掉，他自己都不晓得他在说什么。”公孙鞅遂投奔秦国，受到重用。公元前340年，公孙鞅率秦军攻击魏国，生擒魏军统帅魏印，魏军溃败。魏国国君心胆俱裂，请求和解，并把首府迁到大梁，叹息说：“我恨不听公叔痤的话！”

人在大失败之后，关键性的往事常会在脑海升起。魏国国君的叹息，内容不明，可能是后悔没有听公叔痤的话重用公孙鞅，但也更可能后悔没有听公叔痤的话杀了公孙鞅。历史上这种叹息，不绝如缕，显示错误的决策必然付出错误决策的代价。

后来柏杨先生又说“人才决定国家的命运，而政府领导人又决定人才的命运”，一个人若想让自己有更大的发展，就应该做到化敌为友，竭他人之所长而用。

在低调中航行

问题是，暴力对抗暴政之后，留下的却是更大的暴政，需要更大的暴力，才能再把它推翻。暴力复暴政，循环不息。

——柏杨白话版《资治通鉴·河阴屠杀·五二八年戊申》

西谚有云“以血还血，以牙还牙，以眼还眼”。中国也有类似的智慧“以牙还牙”，“血债要由血来偿”。于是在历史上，演出了若干复仇屠城的好戏。

的确，人处在社会中，不能排除周围怀有敌意的人。因为原则和利益，以及其他各种很偶然的原因，人会时时处处受到不友善甚至敌对势力的攻击和算计。如果一个人对此太介意，他便有可能在人群中一分钟也过不下去；如果一个人对此时时处处还击，他便有可能一年中没有一天不处在争战之中。这其实是不必要的，也是不合算和非理智的。因此，人没有必要和对手采取一致的方式或站在对等的层次上，他攻击，你还击；而要化解敌意，就要力求低调和策略地来对待敌意。这样，既不被对方牵着鼻子走，也显得比对方思想层次高和富于智谋，更重要的是，减少了自己不必要的时间支出、精力支出和其他可能的损失。在人生中，让自己保持一种豁达、开朗、轻松的心态，不亦美好！

现实生活中存在着这样一种自视颇高的人，他们锐气旺盛、锋芒毕露，处事则不留余地，待人则咄咄逼人，有十分的才能与聪慧，就十二分地表现出来，结果他们在人生旅途上屡遭波折。

用开阔的胸怀去低调对待敌意，不激烈还击，不和对方顶牛，这是要避免“敌意”的升级。你和对方顶牛，激烈还击，对方又会更强劲地回应，斗争便会白热化，达到你死我活的地步。这样，有限的敌意无限化了，小的灾祸变大了，尤其在非原则、非利益的偶然敌意的情况下，这种结果就太没有必要了。物理学原理表明，作用力有多大，反作用力也就有多大。对抗也是如此，你有多么激烈，对方也会多么激烈，甚至更激烈。这不是我们的出发点，也不是归结点。

在每个人心中，都要有这样一个概念：宽容、忍耐并不是胆小怕事、逃跑和不顾己方的原则和尊严，而是要避免把自己卷入更大的灾祸中。只要对方的攻击对自己不造成根本性的、致命的灾害，就没有必要过激反应。只要把对方的攻击控制在非根本性的皮毛性的范围以内，就可以低调对待它们，不把它们当做大不了的事情。单方面的不对抗和放弃对抗，让对方失去战斗对象和对立面，这也能从根本上消解对方的斗争意志，让他们的攻击之矛找不到进攻的地方。这也会降服对方。这比真刀真枪地和他们对着干，更具有智慧性的快感。再说，世界上的事情都是有前因后果的，敌意的产生并不会完全没有原因，我们要虚心待人，努力发现敌意的原因，把敌意消灭在它的起点或根本不让它存在，这难道不是种更值得赞赏的智慧吗？

其实，对待怒气冲冲向你飞奔过来的疯狂的敌人，你把自己变成一块海绵，一块豆腐，他撞过来只听“咚”的一声，自己先被震个头晕目眩。而你呢，既不痛也不痒，还能瞧着他在一边发傻发呆，丈二高和尚摸不着头脑，岂不很痛快？

以低调去对待恶意，用宽容去对待敌人，世界将一片大好升平。

“催命”人情

病的本身固苦不堪言，就是病的附件，也同样的苦不堪言，那就是，如果你幸而在生病时有朋友前来探望，你有一一答复他们询问的义务，这种义务有时能把人气得大口吐血。

——柏杨《有答复的义务》

中国是个唯“礼”至上的国家。人家向你作揖，你需要屈身答谢，人家恭祝你长命百岁，你定也喜气洋洋地愿他恭喜发财，绝没有问候而不理睬的道理，否则，你就一定是个极没有品德修养的人，自然也得不到别人的尊重了。

虽然讲究礼数这一行为礼仪无论何时都一概通用，但有的时候，施与者是毫发无损，而受予者却大痛其痛。所以这个“礼”字天平就有了不平等的迹象。柏杨先生笔下让人笑着流泪流汗的“探病学”一系列文章就为病床上痛苦呻吟之人礼数不周作了辩解。推此及彼，“人情”这个东西，送可是要送到位的。

柏杨先生在他的大作中诙谐地讲了这样一个故事。茶余饭饱之后，读来或受点教育，或以资娱乐：

若干年前，我在某局当差，有一次跟一位同事去探望垂死的顶头上司，进得门来，鞠躬如仪之后，同事开腔啦，他曰："请问局长，您的背痛乎？"局长在床上答曰："也可以说是腰痛，腰部最不舒服。"同事曰："会不会是脊椎骨有毛病？"局长答曰："已照过 X 光，看不出什么异样。"同事曰："我有一个叔叔，也是背痛腰痛，请遍了名医，都检查不出来病因。后来他的一位亲戚介绍了一个医生，只给他服了一服药就好啦。不过不知道开始发生时跟您老一样不一样，局长能不能说给我听听？"局长这时已很疲惫，但仍强打精神曰："去年我在墨尔本开会时，大概房子里冷气太重，本来就有点想吐，轮到我发言，一不小心，腰部碰到桌角，当时并不觉得怎么样，过后碰到那个地方疼痛不止，而且逐渐扩大到全身。"我以肘暗暗捣该同事，榻前的人也以眼色制止，他却不理，继续曰："啊呀，局长，我叔叔也是由于一碰而起的，他碰的不是桌角，而是马车辕杆，要知道我叔叔是赶马车的，力大如牛，那一次不知道怎么搞的，套车时没有会好，让辕杆撞了一下，最初啥现象都没有，过了一两天，渐渐显出一块黑斑，对不对？"局长衰弱地点头曰："对，对。"我再伸手拉该同事，他仍挣扎曰："那么，您老吃了些啥药呀，我好回去请教那医生。"此时局长已上气不接下气，但仍答曰："在澳洲曾注射了两针，名字记不得矣，回国之后……"家人在旁插嘴曰："二位请到外面坐坐，局长要休息啦。"我已站了起来，该同事却动也不动，笃定泰山，推开我的手，继续问曰："您老人家病发时是否晚上要比白天厉害，不但背痛腰痛，心窝也会觉得有一种酸酸的难过？"局长奄奄一息曰："啊，啊。"

大家几乎是拳打脚踢，才把该同事弄出医院，我埋怨曰："老哥，你这算哪门子主意，说个没完，不知道病人该休息乎？"他曰："你懂个啥？老家伙平常架子奇大，向他磕头他都爱答不理，趁他有病，不伤他点元

气，更待何时?”（柏杨《有答复的义务》）

原来探病送情还有如此说道，真是让人钦佩如此“整人”的智慧了。虽然这是一个反面的例子，但牵一发而动全身，推此及彼，在送人情的时候务必要记住几个字，“点到为止”。否则，你的情刚刚贴着边了就被人家连骂带嚷地搡出来，结局是很可怜的了。除非你正如上文所述，是专门送“催命”人情的那种。

时时不能松懈的忧患意识

太浓的居中意识使人变成惊弓之鸟，太淡的忧患意识使人麻木不仁。中国人分趋两相极端，使灾难更惨重，更难摆脱。

——柏杨《中途跳楼》

柏杨是个智者，他集诗人、专栏作家、小说家、政论家、历史学家、思想家于一身。曾经这样说过："也许我不如鲁迅，但我应该比鲁迅好，我的后代应该比我好，这才像个强盛的民族，像个人。"

他这种忧患意识深刻贯穿了他《比较中国人》一书的始终。他在探讨中国人传统习惯时，用大量的篇幅来比较中外教育的差异，在柏杨看来，国民性格的遗传和社会化，铸造了不同的国民性，每个社会，每个民族通过早期社会化过程，将本社会、本民族最基本的文化价值观和国民性格传承给了下一代。

要达到社会的长治久安，必须居安思危，防患于未然。而我们的民族往往缺少一种忧患意识，或头脑发热，盲目乐观，或不敢正视现实，回避矛盾，于是一幕幕悲剧在历史上重演。

在一个充满竞争的社会里，社会节奏越快，人们却越不自安，而“飞来之祸”又每每发生。这要求会避祸。刘伯温通过观察，得出祸福之间并没有一成不变的道理，二者间也没有不可逾越的鸿沟。他认为“骗、暗、诡”这三种人最容易招来祸端。

刘伯温认为：采用不正当手段骗取名誉的人，会有预测不到的祸患。窝藏隐埋暧昧之事的人，会有预测不到的祸害。经常忖度他人，诡计多端的人，有预测不到的祸患。对于“避”字诀的理解，他也有精辟的探讨。刘伯温在《郁离子》中描述了这样一个寓言故事：郁离子忧郁不乐，须麋劝他说：“道义不能通行，这是天命啊，你何必为此而忧虑呢?”郁离子说：“我不是为这个啊，是担忧那航行在大海中的船没有舵手啊。大海是波涛聚积的地方，是狂风暴雨兴起的地方，鲸、鲵、蛟、蜃会聚在那里，它们有像短矛似的锋刃，哪个不是在严阵以待？现在不忧虑，早晚会发生动荡，到那时我到哪里去呢?”须麋说：“从前太冥主宰不周山，河水冲进那里的山洞，山石将要裂开了，老童走过这里便为之担心，并告诉太冥说：‘山将要崩裂了。’太冥听了大怒，认为这是妖言。老童退去，又把这话告诉了太冥的侍臣，他的侍臣也大怒道：‘山怎么能崩裂呢？只要有天地，就会有我们的山，只有天崩地裂，山才会崩裂!’便要杀害老童，老童惊愕而逃。不久，康回路过这里，太冥没有清除山的隐患，又未加防护。康回大怒，用头触那山，山的主体都像冰一样崩裂开了，山上的土石坍塌到深渊里，最后阻塞了那里。太冥逃走，后来客死在昆仑山的废墟，他的侍臣也都失去了他们的家园。如今您的忧虑，就像那老童的担忧一样，那又能把它怎么样呢?”没有敌手的存在，就会失掉自己最宝贵的特长。所以，拥有强大的对手，是保留自己旺盛斗志的最好办法。

其实，世界本来就是个矛盾的统一体，有矛才有盾。有了对手，万物才有生存的意义，才能日益走向强大。在竞争中，我们会产生忧患意识，产生奋发向上精神，激发出自身最大的潜能，从而让自己的生命更加充满活力，活出真正的价值。

防患于未然

说得明白并不就是真正明白，理智明白并不保证他一定有能力实践他的理智判断，观察一个人，绝对不要只听他说什么，还要了解他想什么和看他做什么。

——柏杨白话版《资治通鉴·三国鼎立·二二一年辛丑》

柏杨先生说，是笃于友情，道义千古。人生在世，虽你一心向善，但仍保不住有无耻之徒在打你的主意。了解一个人是件高难度事情，千万不要让你真心的信任，化为他任意宰割你的匕首！

有些人老是抱怨这个世界不公正。他们认为自己为别人付出了许多，却得不到相应的回报。他们对生活表示愤慨，谨慎地提防着他人的“险恶用心”，怕一不小心陷入人为设置的陷阱，成为他人的猎物。其实，公道自在人心。

在还未遇到突然的变故，形势对自己不利时，应当采取怎样的手段应付呢？这就需要人们有反应灵敏的头脑，要求对外界发生的一切及时作出适当的反应，诸葛亮可谓“神机妙算”的老手。

一个无知、无才又无良好心理素质的人，断然不能做到临危不惧，处变不惊，更不可能随机应变，巧作应付，化险为夷。这就需要我们居安思危，提高应变能力，防患于未然。

刘备在新野时，徐庶向他推荐诸葛亮这个人才，说他是人中之龙，劝刘备亲自屈驾迎请。刘备信之，三顾茅庐之后得与诸葛亮相见。相见后急不可待地遣开闲人，就在诸葛亮的茅屋中请教起天下大计来。刘备说："汉室倾危，奸臣专权，皇帝蒙尘。我不自量力，欲伸大义于天下，却因智术短浅，狼狈至今。虽然如此，我毕竟大志尚存。请问有何等大计能使我完成夙愿呢？"诸葛亮回答说："自从董卓暴乱天下以来，天下豪杰四方并起，占据几州几郡的人不可胜数。曹操与袁绍相比，可谓名气小而兵众少，但曹操到底还是以弱胜强战胜了袁绍，这不只是因为曹操得了天时，也是他充分运用了机智谋略。现在，曹操已有百万之众，挟天子以令诸侯，虎视天下，难与争锋。东吴占据江东，已历三代，山川险峻，民心顺附，又能举贤用能，因此，东吴只能以之为援而不可相谋。荆州北据汉水、沔水，南抵南海，东连吴会，西通巴蜀，是用武的好地方。但其主刘表不能自守，这大概是皇天赐奉给您的厚礼吧！您对荆州是否有意呢？益州地势险要，沃野千里，为天府之国，汉高祖凭借它终成帝业。益州牧刘璋愚庸懦弱，民丰国富而不知存养抚恤，有智之士皆想得一明君。您既然是皇室后裔，信义之声传遍四海，又能笼络天下英雄，思贤若渴，如能拥有荆、益二州，据险而保，联合西方的戎人，抚恤南方的蛮夷，外结好于孙权，内治理好行政，一旦天下有变，则命一上将领荆州之兵攻向宛、洛等地，您自己则领益州之众出秦川，百姓中有谁不会具备饮食以迎接您呢？果然如此，则您的霸业可成，汉朝的皇帝可以中兴了。"刘备听后连声称善，他奋斗多年一直没有找到明确的政治方向，诸葛亮的一番天下形势分析，使他心中豁然明朗，今后也就有了奋斗的具体目标。难怪他后来对关羽、张飞说："我之得孔明，犹鱼之得水。"

诸葛亮对错综复杂的政治形势作出简明的分析，为刘备指出了成就霸业的长远之计，理路清透，明确中肯，足见其超人的政治、军事头脑。刘备后来的所作所为，完全是诸葛亮的方针大计指导的结果。

一个人不会料事如神，未卜先知，在遇到突如其来的变故时，常因未作心理准备而慌乱不堪。所以，我们应首先在心理上做好准备，遇到异常情况也就不会六神无主，束手无策了。

生活有规律的人，常常物有所归，他并且懂得这个道理，事先整理自己身边的事，不一定只为预防不测而做。即使在平时遇到意料不到的事，找起来也非常方便。

办事能力的高低，主要体现在能否在办事的全过程中始终处于清醒、明确的意识谋划中，和在实施的过程中是否有随机应变的能力。

我们说“水至清则无鱼”，主要强调的是做人做事都不能太“认真”，该糊涂时就糊涂，只要不是原则问题，睁一只眼闭一只眼也未尝不可。所谓“水至清则无鱼”谈论的不是一般的清，而是“至清”。所谓“至清”者，一点杂质全都没有，这岂不是异想天开？然而，现实中更多的人往往是大事糊涂，小事反而不糊涂，特别注意小事，哪怕是芥蒂之疾，蝇屎之污，也偏要用显微镜去观察，用放大尺去描写。于是，在他们眼里，社会总是一团漆黑，人与人之间只剩下尔虞我诈。普天之下，可以与言者，也就只有“我自己”，这实际上是一种病态。所谓“水至清则无鱼”并不是认为可以随波逐流，不讲原则，而是说，对于那些无关大局、枝枝蔓蔓的小事，不应当过于认真，而对那些事关重大、原则性的是非问题，切不可随便套用这一原则。

古时候，有位客人到某人家里做客，看见主人家的灶上烟囱是直的，旁边又有很多木柴。客人告诉主人说，烟囱要改曲，木柴须移去，否则将来可能会有火灾，主人听了没有做任何表示。

不久主人家里果然失火，四周的邻居赶紧跑来救火，最后火被扑灭了，于是主人烹羊宰牛，宴请四邻，以酬谢他们救火的功劳，但是并没有请当初建议他将木柴移走，烟囱改曲的人。有人对主人说：“如果当初听了那位先生的话，今天也不用准备筵席，而且没有火灾的损失。现在论功行赏，原先给你建议的人没有被感恩，而救火的人却是座上客，真是很奇怪的事呢！”主人顿时省悟，赶紧去邀请当初给予建议的那个客人来吃酒。

防患于未然是最高明的，等事情发生了，怎样补救都已于事无补。

人非圣贤，孰能无过

一同做贼，自己又是主角，一旦败露，硬称清白如水，东西都是别人偷的，可笑亦复可憎。一个人一生中连续不断地一个接一个全是卑劣行为，他就一生可耻。

——柏杨白话版《资治通鉴·洛阳暴动·五一三年癸巳》

柏杨先生就是以一种关怀的姿态去对待人们，他不但挖掘出了人性中的弱点，还告诉你那样做的结果是什么，以期改变人们的错误心理，用一颗最纯洁本色的心灵去迎接那个有资格荣登极乐世界的自己。人非圣贤，孰能无过？有道德修养的人不在于不犯错误，而在于有过能改，不再犯过。所以用人，用有过之人也是常事，应该看到他的过错只不过是偶然的，他的大方向是好的。

《尚书·伊训》中有“与人不求备，检身若不及”的话，是说我们与人相处的时候，不求全责备，检查约束自己的时候，也许还不如别人。要求别人怎么去做的时候，应该首先问一下自己能否做到。推己于人，严于律己，宽以待人，才能团结能够团结的人，共同做好工作。一味地苛求，就什么事情也办不好。

后汉光武帝刘秀能最后登上皇帝宝座，和他的胸怀宽广、善于笼络人心有关。

刘秀从饶阳脱险后，联合了许多支部队一起攻打王郎，各路军马在刘秀的指挥下，攻下邯郸，杀了王郎，并且缴获了王宫里的大批文书档案。这些文书中，有几千封各地官员给王郎的信，信中说了刘秀不少坏话，劝王郎早些消灭他。当时许多人都认为这一下那些写信的人该倒霉了。谁知刘秀对这些信连看也不看，反而当着各路军马将领的面，把信全都烧了。

有些人对刘秀这么干很是奇怪，刘秀却淡淡地一笑说："过去的事何必再追究呢？让人家睡个安稳觉吧。"这件事传出去，那些原来反对过刘秀的人都对他既感激又佩服，反过来愿意为他出力了。

消灭王郎后，更始帝刘玄派御史传达诏令，立刘秀为萧王，并让他交出兵权。当时王莽已经被杀，更始帝进了长安，但他不管理朝政，任部下胡作非为，很快就激起了人民的反对。全国各地的豪强地主也趁机各自拉起队伍，烧杀抢掠。只有刘秀的汉军军纪严明，赏罚分明；政治上招集人才，争取民心，为夺取天下作准备。公元24年秋天，刘秀带领汉军，先后打败了铜马军、高湖军和重连军。

为了笼络人心，他封这些部队的投降将领为列侯。但是这些投降的将领并不安心，老担心刘秀总有一天会收拾了他们。刘秀看出了他们的心思，就让他们各回原来的军营统帅部队，然后自己骑着马，只带几个随从，到各军营去检阅。

投降的将领见刘秀这么信任他们，都很受感动，在一起议论说："萧王这是把一颗真心放到别人肚子里，也就是推心置腹呀！我们能不为他拼死出力吗？"从此都一心向着刘秀了。

《孔子家语》记载孔子说："古代圣明的君主在帽子上挂上垂旒，是为了挡住视线，塞住耳朵，是为了让听觉模糊。水如果太清了就不会有鱼，人如果太认真了就不会有朋友。”不是不听不看，而是不去听得那么“认真”，看得过分的清楚，糊涂一点（尤其是对他人的短处）不是什么坏事。

《左传》宣公十五年记载晋国大夫伯宗对晋侯景公说：“谚语说：衡量事物的标准应该放在心里，大河里会容纳污泥，深山里会隐藏疾病，美玉里会含有瑕疵，国君能够容忍一切，这才是天下通行的道理。”国君虽然尊贵，也时常要容忍不光彩、不名誉的事，这是自然的道理，这是由于小错误并没有伤害大的德行。

苛察之忍，集中起来说不外乎三点：一是对人不求全责备，用人之长；二是严于律己，宽以待人；三是对人民的统治应该是宽柔而不是残酷。

对于什么事，只去注重其每个环节是否细致，但是却忘记了在处理事物的时候应该是原则性和灵活性相统一的原则，一件件事处理起来，时间紧不够用的先不说，弄不好顾此失彼，因小失大。

大凡历史上的名人能人，英雄豪杰，都常常是身怀绝技，但他们也都知道，“山外有山，天外有天，能人背后有能人”的道理，所以要想赢得胜利，后发制人，都是深藏不露，大智若愚，大巧若拙，不轻易地暴露和表现自己的才能。真正聪明的人，不会自以为是，他们为人处世，以谦虚好学为荣。常以自己的无知或不如人而惭愧，能够得到更多的学习机会，向别人求教，丰富和完善自我是他们的目的。即使自己确有才智，也不会四处去出风头，不去刻意地炫耀或展示自己，克制和忍耐住自己争强好胜的心理。

“出头的椽子先烂”，过于显露自己的才能和智慧，过分地招摇，首先会招致对自己的损害，尤其是受到有妒忌之心的小人的攻击。忍耐住这种自我显示的心情，一则能使自己谦虚好学，二则可以保护自身不受损害，有利于自己聪明才智的发挥。

有些人根本称不上有什么美德或才智，只不过是爱显示自己某方面的能力。例如知道别人的隐私比他人多，知道什么方面的传闻比别人早，这种雕虫小技，本来根本不值得夸口。在一般情况下，忍住显示自己才智的欲望，可以获得更多的才能，同时也可以避免因为炫耀自己的才能，招致他人对自己妒忌、诋毁、攻击、陷害。

农夫锄草，是要除去庄稼有害的东西；贤能的人修养自己，是要除去对道德有害的东西。思考对道德没有好处的事情，这是心的糟粕；说对道德没有好处的话，这是言语中的糟粕；做对道德没有好处的事情，是行为上的糟粕。思想合乎道德，智力就是上等的；说话合乎道德，语言就值得学习；做事合乎道德，行为就值得模仿。射箭射不好，却想教人，没有人跟他学；品行不端，却想谈论人，没有人听。千里马只有伯乐认识，并不妨碍它是千里马。品行也是一样，只有贤良的人了解，不妨碍他是杰出的人才。

常言道："宰相肚里能撑船。""大肚量"的宰相史不乏人，狄仁杰就是如此，堪称楷模。狄仁杰治国治民轻车熟道，能力非凡，难得的还是容忍别人，不计个人私怨，不遗余力地推荐有才之士，使国家社稷、黎民百姓受益匪浅。这是一种无比的豁达和高尚。位居"一人之下，万人之上"的宰相如此宽宏大量，卓有远见，凡夫俗子们是否也应作些思考呢？

公元688年，越王李贞叛乱，宰相张光辅领兵讨伐。官兵因军纪败坏，鱼肉百姓，影响极坏，这时，身为刺史的狄仁杰挺身而出，指责宰相张光辅治军无方。叛乱平息后，受牵连的有六七百家，许多无辜的人都要惨遭杀害。狄仁杰负责行刑，他认为这是草菅人命，便冒着杀身之危，向武则天上书，终使这些人免遭杀害。

武则天认识到狄仁杰确实是个人才，便连续提升了他。有一次，武则天单独召见狄仁杰说："你为刺史时，政治清明，治理有方，百姓拥戴，可是有人在朝廷上弹劾你，你想知道诬告你的是谁吗？"

狄仁杰磊落地说："臣如有过错，请陛下赐教！至于说臣坏话的人，臣不愿知其姓名，以便臣等能和睦相处！"武则天听后，感到狄仁杰器量大，能容人可堪重用，更加器重他。狄仁杰好面折廷诤，常常违背武则天的旨意，武则天也曾动怒，使狄仁杰遭到贬官。日久见人心，经过几件事情之后，武则天既看出了他的才能，也看出了他的忠心，以后每当他们政见不一时，武则天总是屈意从之。就在狄仁杰遭到左迁时，将军娄师德曾在武则天面前竭力保荐他，狄仁杰并不知道这件事，他认为娄师德不过是一赳赳武夫而已。回到京城以后，有一天武则天问狄仁杰："你看娄师德是否有知人之明、荐人之德？"

狄仁杰说："娄将军谨慎供职，还没听说过他荐举人才！"武则天笑着对狄仁杰说："朕起用你，全凭娄将军的力荐！"这件事使狄仁杰很受感动。自己与娄师德非亲非故，他秉公荐贤，并不是为了使人感恩戴德，实在是高出自己很多。从此，狄仁杰特别留意物色人才，随时向朝廷推荐。当时契丹国经常侵扰唐朝边境，其名将主要是李楷固与骆务整，他们屡次打败唐军，杀死很多唐军将士。后来，他俩归降，朝中许多大臣纷纷上书武则天，请求杀死二人。狄仁杰的意见与此相左，对武则天说："这两位将军骁勇无比，他们以前能力事其主，现在也必能尽心于我朝，请用圣德安抚，赦免他们的罪过！"

和这两个人作战被杀死的唐军将士与朝廷上许多大臣非亲即故，这些大臣极力主张要杀死这两个契丹将领。狄仁杰针锋相对地说："处理政事应以国家为重，岂能由个人恩怨决定！"并坚持为这两个人请求官职。

武则天听从了狄仁杰的建议，封李楷固为左钤卫将军，封骆务整为右武威将军，令他们守卫边防，从此边境得到安宁。

如果有人犯了一个错误，那就好比把牛奶倒翻了，反正你也不能再喝了。重要的是你应该用善意的态度去找犯错误的人谈话，使他下决心不再重犯这类错误。

可是事实上，当人们碰到这种情况时，往往狠狠地训斥一顿犯错误的人。其结果，当他离开你时，必存报复之意，闷闷不乐，决心要在不远的将来想办法再冒犯一次。这样，他肯定无心去改正他的错误。

人无完人，金无足赤。每个人都有可能犯重大的错误，对于犯错误者，只要不是重犯，就应当给予信任和重用，鼓励他们从失败和错误中总结经验和教训。

每个人对于自己的错误都会记忆犹新，这就使他们在工作中的考虑更加完整，处事会更加谨慎，无形之中弥补了其他同事犯同样的错误。给予信任和支持，能够使其从错误的阴影中摆脱出来，更加忠于企业，更有责任感，也能够更好地为企业作贡献。

许多时候，我们不是跌倒在自己的缺陷上，而是跌倒在自己的优势上，因为缺陷常常给我们以提醒，而优势却常常使我们忘乎所以。

三个旅行者早上出门时，一个旅行者带了一把伞，另一个旅行者拿了一根拐杖，第三个旅行者什么也没有拿。晚上归来，拿伞的旅行者淋得浑身是水，拿拐杖的旅行者跌得满身是伤，而第三个旅行者却安然无恙。于是，前面的旅行者很纳闷，问第三个旅行者："你怎会没有事呢?"

第三个旅行者没有回答，而是问拿伞的旅行者："你为什么会淋湿而没有摔伤呢?"拿伞的旅行者说："当大雨来到的时候，我因为有了伞，就大胆地在雨中走，却不知怎么淋湿了；当我走在泥泞坎坷的路上时，我因为没有拐杖，所以走得非常仔细，专拣平稳的地方走，所以没有摔伤。"

然后，他又问拿拐杖的旅行者："你为什么没有淋湿而摔伤了呢?"

拿拐杖的说："当大雨来临的时候，我因为没有带雨伞，便拣能躲雨的地方走，所以没有淋湿；当我走在泥泞坎坷的路上时，我便用拐杖拄着走，却不知为什么常常跌跤。"

第三个旅行者听后笑笑说："这就是为什么你们拿伞的淋湿了，拿拐杖的跌伤了，而我却安然无恙的原因。当大雨来时我躲着走，当路不好时我小心地走，所以我没有淋湿也没有跌伤。你们的失误就在于你们有凭借的优势，认为有了优势便少了忧患。”

生命的主宰权握在我们自己的手中，无论何时，我们都必须要对自己负责。对于自己的缺陷，小心谨慎就会少犯错误，而对于自己的优势同样也不能麻痹大意，因为淋雨的人，经常是打着伞的人，跌跤的人，经常是拄着拐杖的人，如果总是有恃无恐，灾难也就会乘虚而入。

第六章

一花一物总关情——柏杨的智慧情丝

假如机会只叩一次门

刘备的话，含有至理，不应为失去一个机会懊丧，而应把懊丧化作力量，等待第二个机会再来时，立刻抓住。问题是，人的生命有限，幸运之神往往敲门一次，只要稍稍犹豫，她便转往别家，永不再返。

——柏杨白话版《资治通鉴·赤壁之战·二〇七年丁亥》

机会其实永远都不曾远离你身边一步，你之所以没有发现它，只是因你从来都没有专心地去寻找。

命运是公正的，他不会偏向任何一个人。如果现在你还在蒙昧中沉浮，回想一下，当初太阳笑吟吟地向你张开双臂的时候，你是否不屑地翻过身去继续做蝴蝶美梦呢？当初月亮含情脉脉地为你披上银纱的时候，你是否一把掀开继续和朋友们花天酒地呢？当初星星俏生生地向你抛媚眼的时候，你是否假装看不见地继续玩物丧志呢？

机会不是从不光临，而是回回被你拒之门外。如果与一次机会失之交臂，尚有翻然悔悟化悲痛为力量的可能。假如机会只叩门一次，又当如何呢？

柏杨先生借故事来启发我们："曹操北伐乌桓部落（河北省北部）时，刘备建议荆州全权州长（牧）刘表袭击首都许县（河南省许昌市东），刘表不能接受。等到曹操凯旋班师，刘表对刘备说：'没有听你的话，失掉了这个大好机会。'刘备说：'天下四分五裂，每天都有战争，大好机会多的是，岂会不再？如果能抓住下一次的大好机会，则这一次的失误，也没有关系。'"（柏杨白话版《资治通鉴·赤壁之战·二〇七年丁亥》）

问题是，假如机会只有一次呢？

《易经》上有智慧云："知至至之，可与几也，知终终之，可与存义也。是故居上位而不骄，在下位而不忧，故乾乾因其时而惕，虽危无咎矣。"这里是说，人最高的智能要做到对自己、对人、对事，知道机会到了，要把握机会，应该做的就做。

有四样东西一去不返：说过的话、泼出的水、虚度的年华和错过的机会。

利用的机会越多，创造的新机会就越多。

面对机遇，我们该怎么做呢？有的人是主动寻找机会，他决不会错失良机；有的人则不能做出准确判断，总觉得机会多，错过一次没什么，结果一次又一次错失良机，还有的人整天只知道坐在家里想入非非，没有实际的行动。要知道，机会只会降临那些有准备、会把握机会的人头上。因为他们知道，抓住眼前的机会是最关键的。

机会是很多的，但把握住眼前的机会才是最实在的。

成功有很多种因素。不仅靠聪明，还要有机遇。聪明能干是必备条件，机遇也是很多人强调的。成功者谦虚地说自己幸运，失败者不服气地诉说机遇不公。机遇到底是怎么回事？机遇是均等的，关键是你怎么把握住它。你可以利用机遇，不可拥有机遇。

“智者无悔”、“勇者无限”，当机遇来在你面前，你是否有智能识别，有勇气面对它呢？你是否是一个有准备的人？一个勇者的自信心是获得成功的关键。有自信和自我感觉良好，才不会错过良机。

一位哲人说：人生是一场战斗。在人生的战斗中，总是与坎坷相伴，追求也常有痛苦相随。生活中的弱者，面对困难和挫折，犹豫了，害怕了，“认命”了，往往在紧要关头败下阵来。强者的行为不同，他们认定一个目标，义无反顾，追求比心更高的山，所以，他们能够不断臻于新的人生境界，欣赏到新的人生风景。

这其中，既有辛勤的汗水灌溉，坚强意志的支持，又有命运的垂青，机遇的光顾。四种因素，缺一不可。

假如机会只叩一次门，你恰好在家，请一定珍惜和爱惜它。

长久需要什么智慧

一个没有智慧去和睦团结的民族，只有在血泊中消失。

——柏杨《匈奴内乱》

国，崇尚“以和为贵”；家，信奉“家和万事兴”；商，推崇“和气生财”。看来，一个笔画不多的“和”字，就已浓缩了治国、齐家、平天下的智慧精华。

所以，只用一个“和”字来涂画历史和自己的江山，来说明一些看似异常抽象的问题足够了。

柏杨先生曾说：“我们家乡有句俗话曰：‘锅砸了大家吃不成’。盖盼望有权势的人谦让一点，化戾气为祥和，别因小失大。”是啊，有一个“和”字当头，无论是什么事情都有冷静解决的可能，而且一定不会因小失大，这是多么动人的智慧！

有一句话是这样说的：“疾风怒雨，禽鸟戚戚；霁日风光，草木欣欣。可见天地不可一日无和气，人心不可一日无喜神。”译成现代人说的话，就是说疾风暴雨会使飞鸟走兽都感到哀婉悲伤；风和日丽会使花草树木都充满欣欣向荣的生机。从这些自然现象中都可以看到人间不能够一天没有祥和安宁的气氛，人的心中不能够一天没有欣喜乐观的心情。

明朝陆绍珩《醉古堂》中说得好：径路窄处，留一步与人行；滋味浓时，减三分让人嗜。此是涉世一极安乐法。《醉古堂》还讲：处事不可不斩截，存心不可不宽舒，待己不可不严明，与人不可不和气。意思是处理事情不可不斩钉截铁，存心不可不宽大舒缓，对待自己不可不严格要求，与人相处不可不和气。

有人说："一个中国人是龙，一群中国人是虫。"究其原因，乃中国人好窝里斗，不团结，集体战斗力不强。

不和，必乱，乱则狂，则凶暴，则杀伐，则会葬送别人和自己。

人生，无论成就大事小事，还是以"和"为上，攻为下，兵不血刃方显成功的大智慧。

专注是种伟大的力量

以柏杨先生而论，平生有两大嗜好，一曰看书，一曰下棋，如果教我当阅读委员会的委员，或象棋推广委员会的委员，包管胜任愉快。如果教我去给饭铺管账，不但会心烦意乱，而且保准把它管得一塌糊涂，猛吃官司。

——柏杨《最当行的系》

柏杨先生说：专注，是一种力量，谁拥有它，谁就得到了勇气，信心和不畏艰苦的毅力。

专注，是一种法术，谁拥有它，谁就会得到梦寐以求的生活和朝思暮想的成功。

林清玄《在梦的远方》中写了这样一个故事：

有两个朋友，一个叫阿呆，一个叫阿土，他们一起去旅行。

有一天来到海边，看到海中有一个岛，他们一起看着那座岛，直到因疲累而熟睡。夜里阿土做了一个梦，梦见对岸的岛上住了一位大富翁，在富翁的院子里有一株白茶花，白茶花树根下有一坛黄金，然后阿土的梦就醒了。

第二天，阿土把梦告诉阿呆，说完后叹一口气说：“可惜只是个梦！”

阿呆听了信以为真，说：“可不可以把梦卖给我？”阿土高兴极了，就把梦的权利卖给阿呆。

阿呆买到梦以后就往那个岛出发，阿土卖了梦就回家了。

到了岛上，阿呆发现果然住了一个大富翁，富翁的院子里果然种了许多茶树，他高兴极了，就留下做富翁的用人，做了一年，只为了等待院子的茶花开。

第二年春天，茶花开了，可惜，所有的茶花都是红色，没有一株是白茶花。阿呆在富翁家住了下来，等待一年又一年，许多年过去了，有一年春天，院子里终于开出一棵白茶花。

阿呆在白茶花树根掘下去，果然掘出一坛黄金，第二天他辞工回到故乡，成为故乡最富有的人。

卖了梦的阿土还是个穷光蛋。

这个故事告诉我们，人生有很多梦是遥不可及的，但只要坚持，就还有实现的可能。阿呆成功的关键在于保持专心。也就是说，我们对人生的未来蓝图应该有清楚的、明确的影像，这样一来我们才会心无旁骛地工作，我们才会不断尝试并认真做好每一件事，直到达到目标为止。

我们之中没有任何人、任何办法能够同时专心地思考一件以上的事情。我们在同一时间内仅能专注于一件事物，这就要求我们必须专注我们的目标。如果我们根本就没有目标，或目标漫无边际，那么我们的精力就会白白浪费掉。

“专心”表示一个时间只针对一个主题思考。你思考的可能是财富、健康、充实、平安等这些概念，无论你思考的是什么，你都应该把握住你自己的想法，将这个想法放在你人生目标的前方，然后盯住它。

让我们看看玩杂要的人的例子吧！玩杂要的人一面表演杂要，一面要朝目的地走去，这时他的目光不能放在手上表演的东西上，而要放在前方的目标上。玩杂要是用眼睛的余光去看或是要把杂要的东西与前进的目标视为一个整体。所以说，专心并不是表示你必须对不相干的人或物视而不见，或你有权力忽视你自己对他人的基本责任。

能够专心一致，表明你具有一种能力，表明你朝目标前进之余，也能保持其他事物的正常动作，可以说你是让你整个人和你的整个生活一起朝向目标前进。如果你有一个家庭，就不应该只有你一个人朝目标前进，你整个家庭应该与你一起向前迈进。你的人生不只是你一个人的人生，而是整个家庭的人生，你为家庭创造出愈多的人生意义，你愈是经常向你的爱人和孩子说明你的理想，你们就愈可能以一个生命整体的形象逐渐迈向理想的境地。

目标专注不意味着你视野狭隘，对周围人的生活以及种种相关事物给予一定的关心，你应该既保持目标专注也保持适当的平衡。也就是说，你要保持一种警觉，让生活里各种人和事物平衡发展，不要因为过度负荷或致力于目标，而丧失了你的健康、家庭或人际关系。

我们都听说过“龟兔赛跑”的故事：兔子沿路上快速奔跑，然后停下来休息；乌龟则以稳定的步伐持续前进，最后终于超过了兔子而获胜。这个故事常被用来引喻勤奋和坚持的重要性，其实这个故事也可以用来引喻集中目标的重要，成功的人不一定走在最快速的道路上，成功的人会保持在他们选择的那条路上或在他们梦想的范围内稳健前进，他们会做好规划，并孜孜不倦地进行他们的计划，直到达到目标。

如果你让自己被新的主意、令人兴奋的机会或有趣的计划束缚住，你可能只是加快活动速度，但不见得能按计划前进到主要的目的地。一个人若持续被其他的新奇事物分散注意力，即使是以极高的速度在运转，也可能转得晕头转向，毫无效率，这种人只是白费气力，在原地打转而已。

若求成功于专注，你一定要先为自己找好位置，细致地称好脑袋中精华的分量然后再动手。人生可能永远都没有重新来过的机会，最可笑的事情就是白费心机。为什么总是有些人会用自己宝贵的时间和血的代价去一次又一次实验哪些路子才是适合自己的呢？认不清自己，选错了方向，已经上演可悲的前奏了，再加上执著和专注，连上帝都拉不回来，绝对是个悲剧。所以你的专注，应来自于眼前的阳光大道。

扶住它，你可以永远地站立

桓温终于放弃晋帝国帝位，不是力量不够，而是他对自己的必胜把握，没有自信；而自信，正是英雄事业的必要条件。

——柏杨《饭桶军阀》

人生就是一幅卷起来的画卷，这画卷永远没有尽头。有的人向社会展示了几张，就戛然而止；有的人却展示了许许多多，而且还在不断地展示。开启这画卷的手就是一种心态——自信。自信心有多强，能力就有多强。

桓温是南北朝叱咤风云的将领，他率领晋国子弟与前秦、前燕、后赵等国交战，无不大胜而还。可是对于他一生的作为柏杨先生却觉得不过如此而已。他说：桓温被称为一代枭雄，见识和才干在晋帝国群官中出乎其类，拔乎其萃，但这只能证明当时将相，全是草包，不能证明桓温真是第一流人才。他最大的缺点是在需要作最后决定时，他却丧失孤注一掷的胆量。克劳塞维茨说过：“有人以为战争理论常会劝人选择‘最谨慎的’，这种想法，完全错误，如果战争理论确有所劝，以战争本质而言，他必劝人选择最有决定性的，也就是‘最大胆的’。永远勿忘：没有胆量，绝不会成为伟大的统帅。”诸葛亮太过谨慎，所以永远不能够大胜，但也不致大败。桓温似乎只有一次大胜，但征服成汉帝国时的那次大胜，却出于部属对号令执行的错误，当他下令撤退时，部属竟击起进攻的战鼓，虽然因错得福。可是，错永远是错，说明他在面对难以预测的情况时，总是逃避。以后的灞上之役、枋头之役，无不失利，原因全都在此。如果了解身为统帅的桓温的性格，几乎可以预料他的结局。

在灞上，跟长安相距咫尺，他不敢挺进；在枋头，跟邺城也相距咫尺，他也不敢挺进。两次溃败，都不是因为攻击，而都是因为撤退。为什么他不敢攻击？理由当然可以装一卡车，但主要的是，他的胆量不够，在必须冒险时，却出奇地畏缩，同样，这种性格反映在桓温的政治行为上，他显然渴望篡夺政权，无奈，他虽有篡夺政权的决心，却不敢篡夺。十四任帝司马昱卧病，一夜之间，发出四次诏书，征召桓温进京，这是上天赐下的篡夺良机，桓温竟然拒绝，使人怀疑他的智力商数。他之所以拒绝，由于他的恐惧，恐惧掉进陷阱。因为他无胆，所以在节骨眼上，也就无能。桓温终于放弃晋帝国帝位，不是力量不够，而是他对自己的必胜把握，没有自信；而自信，正是英雄事业的必要条件。所以，桓温不能称为枭雄，不过一个较王敦略高一筹的饭桶军阀而已。

可见对于一个人来说，重要的不是看你有多少金钱，多少宝马名驹，而是看你有几分胆色几分信心，因为它们是使一个人最终走向成功而不是落魄的有效武器。

如果有坚定的自信，即使再平凡的人，也能做出惊人的事业来；缺乏自信的人即使有出众的才干、优良的天赋，也很难成就伟大的事业。就像柏杨先生从历史中看到的桓温，还有同样放不开手脚的李密，明里看起来很是铁腕可实际却还是求助于特务暗箱操控的崇祯皇帝，都是因不自信而断送了江山。这些难道还不足以说明问题吗？

自信，是自身的一种信念，是对自己的一种坚决的肯定，如果自信在你身上如火如荼地上演着美妙的激情戏，那么必将使他人尊重并信任你，如果你自己都对自己不信任，又怎么能指望别人也信任你呢？

在遇到挫折时，如果你认为自己被打倒了，那么你就是真正地被打倒了。如果你认为自己仍屹立不倒，那你就真的屹立不倒。如果你想赢，但又认为自己没有实力，那你一定不会赢。如果你认为自己会失败，那你必败无疑。如果你自惭形秽，那你就不会成为一个强者。同样，如果你不觉得自己聪明，那你就成不了聪明的人。你不觉得自己心地善良，即使他人认为你是一个善人，对你来说也算不上是一直向往的品德。

你或许会认为自己的生活平淡无奇，你成就一番事业的机会和概率近似于零。但是，重要的并不在于你现在的地位是多么卑微或者手头从事的工作是多么微不足道，只要你心存进步的意愿，只要你不局限于狭小的圈子，只要你渴望着有朝一日成为万众瞩目的人物，只要你希冀着攀登上成功的巅峰并愿意为此付出切实有效的努力，那么不会再有什么艰难的外部原因，你终将成功。正如胚芽通过大量的积蓄最终萌发出地面一样，你也将通过持之以恒的努力渐渐地远离平庸，拥有一个比较有优势的人生。

一切胜利皆始于个人求胜的意志和信心。一个人只要有自信，那么他就能成为他希望成为的那种人，在日常生活中，强者不一定是胜利者，但是，胜利者都属于有信心的人都是生命的强者。

因此，你可以不相信天，不相信地，不相信伟人或名流，不相信金银财宝，不相信功名利禄。但是，你不可以不相信自己。天无法改变你，地无法改变你，伟人或名流也无法改变你，但是，你自己却可以改变自己。

战国时，强秦压境，赵国的平原君准备带二十位门客去楚国，希望说服楚国与赵国建立抗秦联盟。当十九位文武双全的门客选好，还差一位时，坐在最后的毛遂自荐而出。平原君嘲讽地说："有本事的人就好像带尖的锥子放在布口袋里，它的尖很快就会显露出来，而你来了三年还没显出本事，你就不用去了吧。"毛遂说："如果公子把我早一天放在布袋里的话，我恐怕整个锥子都扎出来了，更不用说锥子尖了。"毛遂充满自信的话使平原君打消了顾虑，带他去了楚国。在楚王犹豫不决时，毛遂挺身而出，大义凛然，说服了楚王，使得赵楚联盟终于达成。毛遂自荐也因之成为一个人充满自信的象征。

我们讲一个人要有自信心，但不可骄傲自大、刚愎自用，要对自身优势与劣势有正确的分析判断。自信心是激励自己实现伟大志向的一种信念，而不是逆历史潮流而动的个人野心的膨胀。自信是以理智为前提的，自信必须自觉，自信必须清醒，自信必须背靠真理。真正有自信心的人，不会拒绝别人的提醒和建议。他们不会因别人提了些尖锐的意见就恼火、就沮丧、就置这些提意见的人于死地而后快。他们有海纳百川的度量，也有改过自新的勇气，因为他们相信，这只能使他们更完善，取得更大成功。

自信必须有知识和技能做后盾，这是我们必须牢记的。这里，还要提醒一点，过分自信也是不可以的。英国的埃·斯宾塞说过："过分自信的人将会使自己处于脆弱而动摇的地位。"过分自信，会使自己变得盲目；过分夸大自我的力量，忽视客观条件的限制，也会听不进别人正确的批评和建议。《三国演义》里，马谡奉诸葛亮之命来防守街亭。副将王平建议马谡在五路总口当道下寨，马谡却非要在山上扎营不可。王平说："只怕敌兵来后，将山团团围住，就危险了。"马谡却"自信"地说："我素读兵书，丞相诸事尚且向我请教，你为什么不听我的安排?"结果他兵败街亭，被诸葛亮挥泪斩首。马谡的悲剧就在于过分自信。因此，正确的做法应该是：既自信又不过分自信。英国的托富勒说："很少有人能够恰如其分地相信自己。"我们要的就是"恰如其分"的自信，既不妄自菲薄，也不妄自尊大，实事求是，这样的自信才能真正帮助我们成功。

当一个人下定决心准备去做一件事情，如果认为有这个能力，并且已将无论成败的结局置之度外，那么可以说已完成了一半；若你对自己充满自信，确定拥有了统筹全局的能力且不妄自尊大的话，那么恭喜你，只要再经受一点点的磨炼，生活就会变成你梦想中的那颗宝石了。

英雄的末路是自己踩出来的

英雄豪杰，甚至任何一个前途如锦的人物，最容易犯的一项致命错误，就是沾沾自喜。在获得决定性胜利或掌握决定性权力之后，对自己的智慧和能力，往往产生过高的评价——忽然间忘了自己是谁。

——柏杨白话版《资治通鉴·赤壁之战·二〇八年戊子》

骄傲是人类最容易产生的负面情绪之一，不管你是高官还是百姓，不管你是拥有万贯家财还是小民乍富。凡是骄傲地大摇大摆起来的人，离毁灭也就近了。可惜世人都不能清醒而只能在沾沾自喜不可一世中黯淡地沉沦。

“满招损，谦受益”。谦虚的好处，是不可以用器具来测量的。

《易经》上有云：“有大者不可以盈，故受之以谦。有大而能谦，必豫，故受之以豫。”

对此，老子以水为例作了说明。他说：天下莫柔弱于水，而攻坚强者莫之能胜，其无以易之。弱之胜强，柔之胜刚，天下莫不知，莫能行。是以圣人云：受国之垢，是谓社稷主；受国不祥，是谓天下王。

其意是说：天下最柔弱的东西，也就是水了。你看它，没有一点刚性，放在什么容器之中，就会变成什么形状，没有一点自己的个性。可是也正因为如此，所以才有不可战胜的力量，钢铁也会被它腐蚀，大石也会被它穿透，而它自己却永远处在不败之地。圣人从中悟出一种道理，那就是：只有处在卑微地位，只有先学会忍辱负重，才能学会能够担负天下重任的本领。一个人如果能够代替天下的人民忍受侮辱，他也就能够做天下的君主；一个人如果能够代替天下受灾受难，他也就能够做天下的帝王。

有鉴于此，老子提出了“知雄守雌”的处世策略。他说：知其雄，守其雌，为天下溪；为天下溪，常德不离，复归于婴儿。

其意是说：明明知道什么是雄健，但自己却保持柔弱，宁肯做天下最小的小溪；做天下最小的小溪，自然的本性就会永久不灭，就会像回到婴儿的状态一样，无知无欲。

回到婴儿的状态，无知无欲，就会顺随自然；顺随自然，就会无损于己而无所不成。

守雌有种种具体表现，老子特别强调的一种是谦下，也就是永远保持谦虚谨慎、不骄不躁的态度。

骄傲逞强之所以会功亏事败，主要原因有两个：其一是失去理智；其二是失去人和。

所谓失去理智，是说一旦在自己的成功面前骄傲起来，就会失去观察事物的能力，往往会过高看待自己，过低估计客观存在的困难，往往会轻浮草率，失去处理事务的严谨态度。这样一来，就会在主观和客观之间造成差距。差距一旦形成，失败简直是一定的。

所谓失去人和，是说一旦在自己的成功面前骄傲起来，就会失去客观看待自己的能力，往往会过高估计个人在事业中的作用，抹杀集体和他人在事业中的作用。这样一来，就会失去集体的信任和同人的支持；如果自己的言行有损于他人，或者有碍于他人事业的发展，那就会加倍得到回报，如果众人都在为自己的事业设置障碍，那么自己也就难以再在这样的集体中生活下去、工作下去了。

信陵君杀死晋鄙，拯救邯郸，击破秦兵，保住赵国，赵孝成王准备亲自到郊外迎接他。唐雎对信陵君说：“我听人说：‘事情有不可以让人知道的，有不可以不知道的；有不可以忘记的，有不可以不忘记的。’”信陵君说：“你说的是什么意思呢？”唐雎回答说：“别人厌恨我，不可不知道；我厌恨人家，又不可以让人知道。别人对我有恩德，不可以忘记；我对人家有恩德，不可以不忘记。如今您杀了晋鄙，救了邯郸，破了秦兵，保住了赵国，这对赵王是很大的恩德啊，现在赵王亲自到郊外迎接您，我们仓促拜见赵王，我希望您能忘记救赵的事情。”信陵君说：“我敬遵你的教诲。”

唐雎叫信陵君谦虚谨慎，淡忘功劳，这的确是高明的处世哲学。

正如柏杨先生所言，“胜利能使人头昏，权力膨胀能使人大脑像滚水一样沸腾”，大概头脑一旦被沸水烫坏，成了妄自尊大的植物人，是肯定不会再创造出什么丰功伟绩出来的。

祸在怒中央

凡闻过则怒的人，他所闻的过，一定不假。好像一钢叉扎到他屁股上，他非歇斯底里叫起来不可，假如扎到砖墙上，他自然不会出声。闻过则怒是医生的诊断器，可诊断出批评的真实程度。无论是歇斯底里闹起来，老羞成怒吼起来，都证明它确实是批评对了。

——柏杨白话版《资治通鉴·遍地血腥·五四五年乙丑》

孔子五十六岁的时候，发生了著名的“子见南子”事件，这也是中国历史上最著名的公案之一。

柏杨先生在《君子和小人》一文中对“子见南子”有过幽默的描述，并且震惊当时文坛，看来圣人犯起错来，其轰动性是相当可观的。下面是柏杨先生的描述：

“南子，美人也，孔丘先生见了她，不知道搞了名堂没有，归来后身轻如燕，神色有异。被仲由先生看出苗头，问了一句。做贼的人，心情都虚，孔子先生当时面红耳赤，赌起咒来曰：‘天厌之，天厌之。’天厌之者，译成白话，便是：‘教他不得好死。’随急至此，可见事态严重。我们毫不反对圣人谈恋爱，不过照有些人的看法，圣人都是一块木头，没有爱，亦没有欲焉。幸亏孔丘先生有后代，否则准有人一口咬定他因过度地正人君子，连性都付阙如。

“看来，无论是圣人也好，常人也罢，错误是难免要犯的，误解是难免会出现的。面对上得来台却下不来的场面，喜怒不形于色绝对是明哲保身的真理。”

没有哲人不犯错的，可见不犯错的人并非聪明之人。

宋代大文豪苏轼也有同样的看法。他道：“大勇若怯，大智若愚。”

其实，这既是一种至高的人生境界，又是人生大谋略。就前者而言，大智的人像风一样自由，无牵无挂，无拘无束，俗世的一切都是身外之物；就后者而言，是在人前收敛自己的智慧，一副混混沌沌的样子，在小事上常常不如一般人精明，应变能力好像差一些。这正是城府很深的表现。假装糊涂，让人以为自己无能，让人忽视自己的存在，而在必要时，能够不动声色，先发制人。做人应尽量避免显山露水，不要成为别人妒羡的目标；因为炫耀使得愚蠢而危险的虚荣心满足之日，就是一个人失败之时。

喜怒不形于色，不是故意装腔作势，也不是故作深沉，故弄玄虚，而是待人处世的一种方式，一种态度，即：心平气和，遇乱不惧，受宠不惊，受辱不躁，含而不露，隐而不显，自自然然，平平淡淡，实实在在，普普通通，从从容容，看透而不说透，知根而不亮底，凡事心里都一清二楚，而表面上却显得不知不懂不明不晰。

喜怒不形于色的人常常笑容满面，宽厚敦和，平易近人，虚怀若谷，不露锋，不显芒，有时甚至显得有点木讷，有点迟钝，有点迂腐。凡是真正具有大智慧、大聪明的人往往给人的印象总是显得有点愚钝，所以中国才有了“大智若愚”这个带有很深的哲理含意的成语，从而也丰富了我们的人生哲学。

很阿Q，很精神

于是，五千年历史中没有敌人，只有盗匪、贼寇、叛徒、蛮虏。一旦情势倒转，被敌人克制，就只好自己诟骂自己，把自己骂得越下流，越卑屈，就越觉得安全。而俘获了敌人，同样要求敌人也诟骂他们自己，把他们自己骂得越下流、越卑屈，就越觉得自己伟大。

——柏杨白话版《资治通鉴·河阴屠杀·五三一年辛亥》

令人啼笑皆非的事情来源不过是那四个字“自欺欺人”。历史上最成功的精神胜利法是阿Q总结出来的。阿Q精神是一种心理安慰，它与人类的历史伴生，并且不断地成功地繁衍出后代，到了鲁迅先生笔下终于以最生动的面目现身了。

其实“精神胜利法”一说是鲁迅先生的原创，心理学上没有这种说法。而比较正常的精神安慰对人的心理健康是十分有益的，每个人都必须学会从失落中走出来，都必须学会调节心理，使它获得某种平衡。否则，我们将长期处在名利的斤斤计较中难以自拔。

当我们事业失败时，我们常会说群雄逐鹿的时代，胜败乃兵家常事，谁笑到最后，谁笑得最好；当我们受人欺侮时，我们会说君子报仇十年不晚，拿那个当国王的勾践来激励自己；当我们失恋时，我们会说天涯何处无芳草，何必单恋一枝花，等等。这些安慰都是我们所需要的，因为只有以良好的心态去面对现实，我们才能赢得最后的成功。但是，如果我们只会作虚无的宽解而不能够有切实的行动，只是一味外强中干，那就不免带有几分阿Q味了。

输了。惨败。

输了又如何？惨败又如何？人生如斯，低落也好，失望也好，无奈也好，尽可长叹一声，可记得当年曹孟德数十万大军毁于一旦，军士情绪低落无比，可曹孟德只说了句“胜败乃兵家常事”，寥寥数字，平常不过，可在这个时候说出，从容淡定中，透出的是王者霸气，这样的人不配去号令天下，谁还配呢！

其实，当我们面对巨大的困难而觉得下不来台时，觉得有必要让思想不那么悲痛，疗伤似的安静下来的时候，自我嘲笑一下又有何妨呢？

细推起来，“阿Q精神”并非中国专利，外国也有“阿Q精神”。如美国总统林肯，他的“阿Q精神”就十分典型。一次，有位议员当众羞辱了林肯，他回家后，气得饭也吃不下，于是摊开信纸，给那位议员写了一封长信，用非常尖刻的语言将对方骂了个狗血淋头，然后美滋滋地上床睡大觉。第二天一早，林肯部下要替他把信发出，他却将信撕了。部下不解，林肯笑着解释：“我在写信过程中已经出了气，何必把它寄出去呢？”

俄国作家契诃夫不但自己有“阿Q精神”，而且极力将他的“阿Q精神”灌输给读者，让广大市民们在不幸降临时，以“阿Q精神”来安慰自己，以求得心理平衡。契诃夫曾经写过一篇题为《生活是美好的》文章，其“腔调”和阿Q的“儿子打老子”有异曲同工之妙。请看这段文字：“要是火柴在你的衣袋里燃烧起来了，那你应当高兴，而且要感谢上苍，多亏你的衣袋不是火药库。要是有穷亲戚到别墅来找你，那你不要脸色发白，而要喜洋洋地叫道：‘挺好，幸亏来的不是警察。’要是手指头扎了一根刺，那你应当高兴：‘挺好，多亏这根刺不是扎在眼睛里。’……依此类推，朋友，照着我的劝告去做吧，你的生命会欢乐无穷！”细读并回味以上文字，我们便会感到，契诃夫的这套“理论”和阿Q的“精神胜利法”如出一辙。

最聪明的要数日本人，他们不但科技处于世界领先地位，就连运用“阿Q精神”也别有新招。以上列举的几个国家，其“阿Q精神”仅仅用在消除心中怒气求得心理平衡这个层次上面，而日本人却棋高一筹，他们“变废为宝”，用“阿Q精神”来推动生产，提高工效，这就让其他国家望尘莫及了。

日本的有识之士领悟到：在错综复杂的人际交往中，上下级长期相处，难免产生矛盾，如工厂的工人和厂长，公司的职员和董事长，有时，下级受了上级的气，只敢怒而不敢言，心理上感到压抑，如果不及时将“压抑”释放出来，将会产生负效应，甚至起破坏作用，不利于工作或生产。于是，头脑精明的厂长和董事长便想出一个高招：将自己的形象做成橡皮模具，大小高矮面部五官和自己一模一样，把模具置于一间“出气室”内。凡心中有气没处发泄的工人或职员，都可以到“出气室”对你上司的模具拳打脚踢，大声怒骂，将你的怒气、怨气统统爆发出来。出了气，心理平衡了，工作效益自然提高。有家工厂作了统计：自从设立了“出气室”之后，该厂的生产效率比原先提高了7.9%，真是受益匪浅。

为此，我们得出结论：“阿Q精神”并非坏事，它内含科学性。对于心理失控的人来说，它是一剂良药，使他们从中获得自我安慰自我解脱，不至于因心理压力得不到正确疏导而失去理智，做出譬如打人、毁物甚至杀人、放火或者自杀之类的偏激行为。于是，五千年的历史中就没有绝对的敌人，没有把它们升到与自己同样高度的敌人，只是为了获取一种宝贵的心理平衡，让自己得以愉快地航行罢了。

第七章

松下清斋折露葵——柏杨的精神旷野

伟大只从本心中生长

只有伟大的人格才会有伟大的形象，而伟大的形象就是真情。靠着人工制造，能累出气喘病。

——柏杨白话版《资治通鉴·万里诛杀·公元前四七年甲戌》

无论在哪一个社会里，真正代表了文化和进步的力量和境界的，是知识分子，古代称作士大夫，今世称作学者，他们匡扶着社会的正义，操纵着社会舆论的发展方向，鞭挞着人生中的丑恶和虚伪，给人们带来了希望和生机。也可以说，他们是真正的道德学问的化身，因为这是非常需要胆识的，也是非常难能可贵的，所以才值得人们尊敬。

也正为此，有些人便会伪装成有道德、有学问的样子，希望获得别人的赞誉和尊敬。这就是假道学。但最可怕的是，这样的人一旦获得了众人的信任和拥戴，可能会因为自己并不曾真正地拥有道德和学问而误导大众；或者为了一己的私利，使真正的人生事业受到损害，误人误己。柏杨先生举了一个例子来告诉大家如何才算得上是德才俱佳：

“公元前 47 年，刘奭封皇子刘骜为皇太子。金马门候见官（待诏）郑朋，赞扬太原郡郡长张敞，是刘病已时代有名的重臣，可以辅佐皇太子刘骜。刘爽询问萧望之意见，萧望之认为张敞是一位干练的官员，足可胜任治理繁杂混乱的工作，但是行为轻佻，不是当师傅的材料。刘爽遂改变主意，派使节征召张敞，准备任命他当北长安市长（左冯翊）。不巧，张敞因病逝世。

“萧望之攻击张敞行为轻佻，所指的事实有二：一是有一次，张敞参加皇帝朝会后，‘骑马穿过章台’，章台街上，妓女户林立，而他却不在乎，直穿而过。另一是著名的‘张敞画眉’，萧望之认为堂堂政府官员给妻子画眉，是一种淫亵。张敞曾就此点抗议说：‘闺房之乐，比画眉更淫亵的动作，可多的是。’然而只要被鲨鱼群咬住，任凭事实俱在，都无法摆脱。

“受中国传统文化的影响，很多率真的性情中人，都被迫端起嘴脸，努力扮演圣人。结果把赤子之心，层层磨损，出现一种官场中的奇异怪兽。然而，只有伟大的人格才会有伟大的形象，而伟大的形象就是真情。靠着人工制造，能累出气喘病。萧望之在他跟皇亲集团的斗争中，受到惨败，我们万分同情。但他那种拒人于千里以外的高傲嘴脸，却实在使人生厌。他打击张敞，不过由于张敞是受郑朋推荐而已，从他陷害韩延寿以及企图陷害丙吉，显示出他绝不是一个善良宽厚之辈，但他却是一个‘大儒’，于是自有儒家系统给他过高的评价。”（柏杨白话版《资治通鉴·宫廷斗争·万里诛杀》）

可见，一个人一旦有了可以作为表率的资格，如果他走上错误的道路，就会带领出一批为之歌功颂德却蒙昧无知的愚民来，这个人物也就成了愚民的偶像，成为阻碍社会进步的石头了。因此，一个对社会有责任感和义务心的人宁愿去做一个真正的士大夫，宁愿官位低一点，钱财少一点，学问浅一点，也不愿去做什么假道学！

假道学害人，这是人所共知的事情。因为假的本身就已经超越了生活，是一种矫揉造作，一种对于生活真实的违背。我们要活得真实，不仅对他人要负责，对于自己更要负责。负责的根本一条，就是要尊重生活的真实，不要违背社会和生命的规律！

当人类自己感到悲哀的时候，觉得寂寞而无助的时候，往往就会回归到大自然中去，寻找根本。所以，从屈原开始，那些真正热爱生活并且对人对己都抱有责任感的士大夫们便走入了自然，并从中找到了自己的参照物，得到了共鸣和知音。于是，香草美人，以比君子；恶蒿萧艾，以拟小人。后来，这种以物寄性的传统便得到了真正知识分子的发扬和拓展。

纯洁无瑕的玉石，洁白如玉的兰花，都给人以美丽高雅的感觉。所以，古人便以温润纯洁的美玉和兰草的芬芳，来象征君子的德行美好。萧艾臭草，令人生厌，所以便用来比喻小人的自私贪婪。落实到一个人的身上，如果没有高尚的品德使大家敬仰尊服，即使享有着无尽的富贵荣华，也是毫无价值的。就像那萧艾臭草，就算遍地都是，只能惹人厌恶，而难生崇敬心情！所以，人生在世，究竟是要像兰草美玉，还是要像萧艾那样，就成了判断君子和小人的分水岭了！

《菜根谭》上说：真廉无廉名，立名者正所以为贪；大巧无巧术，用术者乃所以为拙。意思是：真正廉洁的人并不一定树立廉洁的名声，那些为自己树立名声的人正是因为贪图名声；一个真正有大智慧的人不会去卖弄那些技巧，玩弄技巧的人正是为了掩饰自己的拙劣。

真正的高人是不贪图好名声，也不屑于不正当的机巧之术的。同样，流于本性自然的、如云水般欢跃畅快的心志，倒是值得欣赏倾慕的。在真正的高人面前，它只是表现在八个字上："率性而为、放逸洒脱"。什么立名和机巧全是多余的。

米芾就是一个真正潇洒的人。

米芾，北宋丹徒（今江苏镇江）人，做过书画学博士，与蔡襄、苏轼、黄庭坚合称"宋四家"。他文笔奇特、妙语惊人，不沿袭前人。他以书画见长，他的书法坚劲流利，气韵飞动，势如王献之，画山水人物与众不同，自成一家，临摹他人笔法，可达以假乱真、难辨真伪的程度。米芾还对古董颇有研究，视古代器物、书画如至宝。他言谈清晰流畅，所到之处，人们争相围聚仰视。米芾好洁成癖，经常有怪异的举止让时人传为笑谈。有一次，米芾曾对无为州治（今安徽无为）一奇形巨石说：“这块巨石足以受我一拜!”他整好衣冠向巨石叩拜，并以兄长相称。他也曾奉诏命仿照《黄庭》小楷，作周兴嗣的《千字韵语》；还曾被允许进入宣和殿，观赏其中的书法珍品，这对常人而言都觉得无比荣耀，米芾却依然淡然处之。

米芾并没有刻意去树立那些个所谓的“威名”。他在生活上是极其“拙”的，因为他的洁癖以及拜石的怪异行为，所以生活上与常人格格不入，不但仕途无望，而且日渐困顿。但因为他的“拙”和不谙世事的“放”，使得他终于脱颖而出，成为旷古的书画大家。

伟大自有伟大的光辉，即便有美丽的颂词都不能掩盖其天然的美丽。相反，有些小人物却始终认为全天下的人都是傻子，只有他一个人聪明，于是夸大其词，阿谀奉承，但却常常是越抹越黑，越是说得清正廉洁，越是此地无银三百两了。

关于伟大，把好自身的门槛是我们的第一要务。

快不快乐在于你的热情

爱因斯坦先生，其地位够高了的吧，却抽出时间，拉拉提琴；丘吉尔先生也常常自己动手当泥水匠；艾森豪威尔先生则以打高尔夫球闻名于世。艺术活动是孤立的，不受社会利害干扰。人人都应该有这种崇高的气质，把自己从事的学问事业，当做一件自己所创造的艺术品，不但求其混过去就算，还要追求一种理想和情趣，不斤斤计较一钉一铆的得失，如此才能有真正的成就。呜呼，伟大的事业都出自宏远的眼光和豁达的胸襟。君以为对乎？不对乎？

——柏杨《努力读书》

如果你能放得下名利的纷扰，摆脱得了金钱的迷惑只是一心一意爱你的工作本身的话，那么虽苦，亦不觉得，甚至还有种陶醉的感觉。

柏杨先生自青年时代就对文学产生了浓厚的兴趣，几十年来，无论是在尽享家庭福美的日子，还是恐怖压抑的牢狱之行中，他都用锋利的笔书写斗士般的心灵，并以此支撑着他的信仰和人生，乐在其中。这一支笔拿起来，就是一生。促使他愿以此生时光为之付出的就是对工作，对写作至高无上的热情、激情。

对于“工作就是游戏”的观点，很多人不以为然。他们认为工作和游戏是风马牛不相及的。工作是责任和使命，游戏是消遣和娱乐；工作重结果，游戏重过程；工作带来利益，游戏带来快乐；工作是必须的，游戏是可有可无的，工作是十之八九都厌恶的，游戏是百分之百都喜爱的。怎么能提到同一个位子上去呢！

但工作毕竟不是剥夺你的权利，不是为了让你痛苦而存在的东西。虽然目标和责任会带给人压力，可释放压力的途径也是无处不在，那些擅长把工作当成游戏来玩的人，都是能够把困难、枯燥和压力变成挑战、刺激和动力的人。他们认为，不管是上网聊天、泡吧、蹦迪还是打牌、飙车，游戏里蕴藏的某些东西，比如投入、松弛、平和的确可以轻易地化解对于工作的疑惧和担忧，这对我们的生理和心理都是有益无害的。

游戏是很容易使人投入甚至废寝忘食的，它会让你感到快乐。它让人松弛，对于成败得失无关痛痒。它也是平和的，因为这只不过是一场游戏。当工作变成了游戏，心情也会舒畅许多，不是没有压力和烦躁，只是面对它们的态度不一样了。

看淡结果、享受过程的“游戏心态”是上班族应该拥有的，在快乐的状态下，才会有更好的工作表现。李大钊不是曾经在教育子女的时候说“要玩就玩个痛快，要学就学个踏实”吗？若在工作的时候也能加上玩的状态和心情，不是就有了所谓的快乐推销、快乐打字、快乐编辑、快乐策划、快乐上班、快乐加班了吗？

哪个人不希望快快乐乐地实现自己的工作目标呢？别以为这是天方夜谭，关键是看你自己怎样选择了。愁眉苦脸也是做，开开心心也是做。

不喜欢交际应酬对吗？为什么不把它看成朋友间的喝酒猜拳呢？不喜

欢每个月的业绩目标是吗？为什么不把它看成飙车时的一次次加油门呢？不喜欢和讨厌的家伙合作共事是吗？为什么不当成“找朋友”时的忽敌忽友呢？反正都得做，快乐一点不是更好吗？

想通了这些，你会发现那些拼命在工作和娱乐之间找平衡的做法是多余的。因为无论你在做什么，你都有权选择快乐。工作和游戏的本质一样，都是为了让人快乐。

成功的人乐在工作。

是的，不管你做什么，都要乐在其中，而且要真心热爱你所做的事。与同事相处是一种乐趣；与顾客、生意伙伴见面，是一种乐趣；和你每天必须见面的人相处，更是一种乐趣。

生活不是单调的颜色！不妨多给自己机会，去尝试、经历各式各样的事情，从中发现你不喜欢的部分，再找个新方向，重新开始。当你乐在工作、如愿以偿的时候，就该爱你所选，不轻言变动。但要是你开始觉得压力愈来愈大、让你愈来愈紧张的时候，就是提醒你事情有些不对劲了。万一这种情况一直持续下去，就该考虑做些改变了。

找到一份你不喜欢的工作，不是世界末日。要是你决定继续待着，那才是世界末日。要是你不喜欢你的工作或工作环境，那你绝无成功之日。

工作必须让你感到满足、有意义，要是你没有这种感觉，你只会把工作当成每天不得不做的苦差事。

一位退休的老人，在乡间买下一座宅院，打算安度晚年。但不幸的是，在这宅院的庭园里，种着一株果实累累的大苹果树。

邻近的顽童，几乎是夜以继日地来“探视”这株苹果树，同时还带来了石头或棍棒。

想安享宁静的老人，窗户玻璃常被击破，有时不堪喧闹会走到庭院中驱赶树上或园中的顽童。而顽童回报老人的，则是无数的嘲弄及辱骂。

老人在不堪其扰之余，想出一条妙计。有一天，当他如往常一样面对满园的顽童时，他告诉他们，从明天起，他欢迎顽童们来玩，同时在他们要离去前还可以到屋子里向他领取一块钱的零用钱。

孩子们大喜，如往常一样地砸苹果、戏弄老人，同时又多了一笔小小的零用钱收入，故此天天来园中玩得乐不思蜀。

一个礼拜过去后，老人告诉小孩们，以后每天只有五毛钱的零用钱。顽童们虽然有些不悦，但仍能接受，还是每天都来玩耍。

再过一个星期，老人将零用钱改成每天只有一毛钱。孩子愤愤不平，群起抗议："哪有这种事，钱愈领愈少，我们不干了，以后再也不来了。"

从此，庭园中恢复了往日的幽静，苹果树依然果实累累，不再饱受摧残。

聪明的老人为了对付贪心的小孩，在原本只为了兴趣而快乐的事物上加入酬劳，再假以时日，使酬劳逐渐降低，终而使兴趣失去了；原本能够使自己快乐的游戏，也因酬劳的失去，而再也没有任何乐趣可言。

或许不只小孩子是这样，在我们许多的工作上也常能发现这种结果，因为金钱的缘故，而使我们原本热爱的工作失去了魅力。

然后，人们开始诅咒金钱是万恶的，因为金钱使得单纯的工作兴趣不再有意义。事实上，金钱非善也非恶，贪财才是万恶的根源。真正犯错的，并不是金钱，而是我们对工作与金钱的态度是否正确；是我们付出与获得的心态能否达观。

我们可以再一次去审视自己的工作，清楚地分析出自己为何要从事这项工作，而这项工作的最终目的何在。然后回想自己从事这项工作时起初的心愿；紧紧把握住这份心愿，就能不为起伏不定的酬劳所迷惑，从而能从工作中获得最大的乐趣。

做自己，其实很简单，选工作，其实更简单。只要你的心灵依旧纯净，火热，依旧愿为你的爱花费时间和精力，幸福感就自在其中。

影响你现在和未来的重要因素之一是热爱的力量。这种力量也可以被称为一种定律或者法则。根据这个定律，你所做的任何一项工作不是出于热爱，就是因为缺少这种热爱而作出的补偿。

所以，你只有全身心地投入你最热爱的事情时，才能获得真正的成功。

如果你不热爱你所选择的工作，那么想要真正把它做好几乎是不可能的。如果没有全身心地投入，那么当你遇上困难的时候，你就会放弃目前的工作并转而从事其他工作。

在这个世界上，最成功和最幸福的人是那些全心全意投入自己所热爱的工作、从而使之尽善尽美的人，比如爱迪生和贝多芬，比如安徒生和米开朗琪罗，比如将来之你我。

上升到英雄的高度

人生各种痛苦中，只有伧俗使人不能忍耐，跟伧俗的人在一起生活——无论是挤在一个家庭里或挤在一个牢房里，都是最大的苦刑。

——柏杨《男人得自求长进》

处芝兰之室，久而不闻其香；居鲍鱼之肆，久而不闻其臭。大概人就是这样一种极易被同化的动物，如果与你结交的都是些正人君子，少年俊杰，你自然也就会萌生出“但使龙城飞将在，不教胡马度阴山”的豪情壮志。若围绕在你身边的都是偷鸡摸狗的小人，你唯一的出路就是学学英明的孟母大人，搬家吧。不然，迟早都会毁在他们手上。

交朋友和谈恋爱是两码事，但大方向还是比较一致的。那就是志同才能道合，才能得到相同的趣味，才能开怀一乐。

要想和庸俗断绝关系，首先要做的就是从自己下手，想方设法让自己的气质华美与众不同起来。

从前卫国有这么一个人——哀骀它。

哀骀它的魅力非凡，简直可称为“前无古人，后无来者”。男人只要跟他一相处，就舍不得离开他。女人只要同他接触几日，就会跑去对父母说：“与其把我嫁给别人做妻子，还不如把我嫁给哀骀它做小老婆。”

这真是一件让人匪夷所思的事。第一，这哀骀它的相貌奇丑无比，跛脚又驼背，脖子上还长了一个大瘤子，只要一走路就左右摇晃，第二，他不是政界大腕，企业名人，可以说得上话，替人消灾免祸。第三，他不是什么大亨，没宝马香车和跟班。第四，他不是文化名人，从来都没有听说过他倡导什么，他只是附和别人罢了。就这样一个无权无势，丑陋非常的人，偏偏女人男人皆钟情亲附于他。鲁国国君哀公听了这个人的事迹之后，觉得真实性值得商榷，便派人把哀骀它请到鲁国来。

半个月之后，鲁哀公就感到哀骀它智慧超群，有着惊人的天赋。两个月后，鲁哀公一看见他，就自惭形秽了；三个月后，鲁哀公对哀骀它崇拜得五体投地，连他脖子上的那个大瘤，也觉得特别顺眼，以至看到正常人的脖子老觉得缺点什么似的。

当时正好鲁国相位空缺，鲁哀公就请他做宰相。他漫漫然未加推辞，淡淡然无意承应。鲁哀公对他更加倾倒不已，软磨硬泡要他掌管鲁国的国政。哀骀它盛情难却，于是勉为其难。

自此以后，哀骀它坐镇相府，俨乎其然地总理百官。经过哀骀它一段时间的管理，鲁国上下多少年来累积下的政经大事、陈年要案都被处理得妥妥当当。于是鲁国上下皆大欢喜，哀骀它美名传播到了五湖四海。

正当鲁国人对哀骀它崇仰得无以复加之时，哀骀它却主动告辞留下相印。

自此以后，鲁哀公整日是茶不思饭不想，三魂六魄似乎丢了二魂五魄，恹恹然患起相思病来了。

郁闷着的鲁哀公找到了鲁国的圣人孔子，问道："这哀骀它究竟是什么样的人呢？为什么我看不到他就觉得人世间没有快乐了呢？"

孔子的一番回答堪称经典："我在楚国时正巧看见一群小猪在吮吸刚死去的母猪乳汁，不一会儿又惊惶地丢弃母猪逃跑了。因为不知道自己母亲已经死去，母猪不能像先前活着时那样哺育它们。所以，小猪爱它们的母亲，不是爱它的形体，而是爱支配那个形体的精神。战死沙场的人，他们埋葬时无须用棺木上的饰物来送葬，砍掉了脚的人对于原来穿过的鞋子，没有理由再去爱惜它，这都是因为失去了根本。做天子的御女，不剪指甲不穿耳眼；婚娶之人只在宫外办事，不会再到宫中服役。为保全形体尚且能够做到这一点，何况德行完美而高尚的人呢？如今哀骀它他不说话也能取信于人，没有功绩也能赢得亲近，让人乐意授给他国事，还唯恐他不接受，这一定是一个才智完备而德不外露的人啊。"（《庄子·德充符》）

在一种伟大或者睿智的精神的感召之下，所有的人，无论男女老少、尊卑贫富，好像冰山遇到阳光，潺潺溶化。这就是哀骀它的力量，一种精神的力量。与他在一起，人们早已忘掉他丑陋的外形，感受到的只有他那内在的无形的睿智的精神力量，这种力量使天下人皆为之俯首投地，皆为之心悦诚服。

伟人为什么伟大？原因就在于伟人精神力量巨大，通过精神的力量可以影响人心，通过人心可以改变世界。

其实，任何人都可以凭借着自己精神的力量达到超乎想象的高度。

做人，庸俗不得，更恶俗不得，你必须先从精神上伟大起来，才能和高人并肩而立。交友，也必须先向真英雄看齐。

环境因素的影响是至深至远的

美德是逐渐培养出来的，大人物是自我训练出来的，世界上从没有一个人纯靠天赋，在娘亲肚子里便与众不同，生下来更胸怀大志，只有摇尾分子才敢这么认定他的主子就是这样。

——柏杨《孔斌论高士》

柏杨先生之所以能一直有所成就，就是因为他的身边有着一群德行高尚的朋友，始终对他不离不弃。可见环境对一个人的作用实在太大了。环境可以塑造一个人，如果生活在一个益于成长的大环境，能使人更好地成长，更好地发挥自己的才能；如果生活在一个不益于成长的狭小环境中，由于受环境影响，无法施展自己的才能，往往会自暴自弃。因此，生活中，我们不但要学会适应环境，更要懂得选择环境。

有一个单位办公室门口摆着一个挺大的鱼缸，缸里放养着几条热带鱼。那种鱼长约三寸，大头红背，长得特别漂亮，惹得许多人驻足观看。一转眼两年时间过去了，那些鱼在这两年时间里似乎没有什么变化，依旧三寸来长，大头红背，每天自得其乐地在鱼缸里时而游玩，时而小憩，吸引着人们惊羡的目光。一天，鱼缸的缸底被过路的顽皮孩子砸了一个大洞，待人们发现时，缸里的水已经所剩无几，几条热带鱼可怜巴巴地趴在那儿苟延残喘，人们急忙把它们打捞出来。怎么办呢？四处张望了一下，发现只有院子当中的喷水泉可以做它们的容身之所。于是，便把那几条鱼放了进去。两个月后，一个新的鱼缸被抬了回来。人们都跑到喷水泉边来捞鱼。捞来一条，人们大吃一惊，出来的时候，简直有点手足无措了。两个月，仅仅是两个月的时间，那鱼竟然都由三寸来长疯长到一尺来长！

踢开自卑的绊脚石了，随着对新环境认识的加深，自卑感会自动化解。一个人在对己不利的情况下，应该采取的方法是鼓足勇气战胜困境，而不能让挫折走进内心形成自卑，逃避环境，封闭内心。要采取开放的态度，打破自我封闭，多与人交往交流，让关心你的人帮你出谋划策，化解困扰你的问题。不要过分看重自己的挫折与失败，热情地接受别人，让自信的阳光洒向心灵深处。

在面对各种挑战时，也许失败的原因不是因为势单力薄，不是因为智能低下，也不是没有把整个局势分析透彻，反而是把困难看得太清楚、分析得太透彻、考虑得太详尽，才会被困难吓倒，举步维艰。倒是那些没把困难完全看清楚的人，更能够勇往直前。如果我们在通过人生的独木桥时，能够忘记背景，忽略险恶，专心走好自己脚下的路，我们也许能更快地到达目的地。不要被环境声势左右你的脚步。

一只新组装好的小钟放在了两只旧钟当中。两只旧钟“滴答”、“滴答”一分一秒地走着。其中一只旧钟对小钟说：“来吧，你也该工作了。可是我有点担心，你走完三千二百万次后，恐怕便吃不消了。”

“天哪！三千二百万次。”小钟吃惊不已，“要我做这么大的事？办不到，办不到。”

另一只旧钟说：“别听他胡说八道。不用害怕，你只要每秒钟滴答摆一下就行了。”

“天下哪有这样简单的事？”小钟将信将疑，“如果这样，我就试试吧。”小钟很轻松地每秒钟“滴答”摆一下，不知不觉中，一年过去了，它摆了三千二百万次。

许多人认为成功离自己很遥远，怀疑自己是否有足够的聪明和能力，怀疑环境对自己是否没有阻碍，等等。但是，你要知道，怀疑只能使你停顿不前，虚度了时间，消耗了精力。唯有坚强自信，朝着目标，一步一步向前进的人，才会达到目的。

做事成功与否，虽然需要一定的外部条件，但起决定作用的却是你的主观态度，凡事只要抱有恒心，就一定会排除万难，抵达成功的彼岸。

在夏日枯旱的非洲大陆上，一群饥饿渴乏的鳄鱼陷身在水源快要断绝的池塘中，较强壮的鳄鱼已经以弱者为食了，悲剧每天都在上演。这时，一只瘦弱勇敢的小鳄鱼却起身离开了快要干涸的水塘，迈向未知的大地。干旱持续着，池塘中的水愈来愈混浊、稀少，最强壮的鳄鱼已经吃掉了不少同类，剩下的鳄鱼看来是难逃被吞食的命运；然而却不见有鳄鱼离开，也许栖身在混水中，等待迟早被吃掉的命运，似乎总比离开、走向完全不知水源在何处还安全些。池塘终于完全干涸了，唯一剩下的大鳄鱼也不耐饥渴而死去，它到死还守着它残暴的王国。可是，那只勇敢离开的小鳄鱼呢？经过多天的跋涉，幸运的它竟然没死在半途上，而是在干旱的大地上，找到了一处水草丰美的绿洲。

当旧有的环境已经威胁到生存时，就要坚决放弃，勇敢地去开创新的生活，征途中虽然会遇到很多艰难险阻，但只要坚忍不拔，终会闯出一片新天地，获得新生。人们最出色的工作往往是在处于逆境的情况下做出的。思想上的压力，甚至肉体上的痛苦都可能成为精神上的兴奋剂。压力，为人创造了值得思考琢磨的机会，使人能尽快成熟起来。木以绳直，金以淬刚。世上成大事的人无不是经过艰苦磨炼的。艰难的环境一般是会使人沉没下去的。但是在试图成大事的人眼里，困难终会被克服，这就是所谓“艰难困苦，玉汝于成”，即经过艰辛的雕琢，玉可成器。压力，能使成大事者在思想感情上受到多方撞击，从中感悟人生的真谛，自觉把握人生的走向。人要有所作为就要有所不为。应做的一定要做好，不该做的坚决不做。人要有所得，就要有所失。该失去的东西就要毫不吝啬，甚至忍痛割爱。得到并不一定就值得庆幸，失去也并不完全是坏事情。能否从容对待、恰当处理这些问题，就看你的成事之道了。相反，人若是太幸运了，缺乏压力，就会沉于懒惰，而不知挑战人生的意义和快乐，这样就难以成大事。对于那些善于成事的大师而言，他们不惧怕压力，因为压力会降临在每个人的头上；相反，他们更喜欢“压力推动法”，在压力中做大人生局面。

第八章

大江东去我独行——柏杨的历史胸怀

清理一片心田，好运来了才有地方待

"尘沙一入成灰烬，断金千锤色益红。"只有英雄豪杰，才能保持本色；只有胸襟开阔，才能保持一贯；只有仁慈宽厚，才能保持童心；只有自我肯定，才能不在乎贫贱，尤其是过去的贫贱。

——柏杨《张玄素与孙伏伽》

老子有云："江海所以能为百谷王者，以其善下之，故能为百谷王。"就是说，江海处在最低的位置，虚怀若谷，上流大大小小的水滴才能忘我地投奔而来，成其王业。同理，人也是如此。

柏杨先生曾有感于这样一个故事，然后巧妙地为我们引出这样一个道理来："李世民听说太子宫事务署长（右庶子）张玄素在东宫不断地规劝太子李承乾，遂擢升张玄素为银青光禄大夫兼太子宫政务署长（左庶子）。

"张玄素年轻时曾任国务院司法部法务司管理员（刑部令史，官阶低微，在文官最低阶'从九品下'之下，俗称'不入流'或'流外'），有一天，李世民当着文武百官，问张玄素说：'你在隋王朝当什么官?'张玄素回答说：‘县政府防卫员（县尉，从九品）。’李世民又问：‘县政府防卫员之前，当什么官？’张玄素回答说：‘流外。’李世民又问：‘在哪个单位？’张玄素至为羞惭，沮丧恍惚，出阁时几乎迈不动脚步，面色如同死灰。高级顾问官（谏议大夫）褚遂良上疏，说：‘君王能体恤他的部属，部属才能竭尽忠心。张玄素虽然出身寒微，陛下敬重他的才能，擢升到三品高位，辅佐皇储（太子李承乾），怎么可以对着文武百官，穷追他的门第！抛弃从前的恩德，使他霎时间羞愧得无地自容，痛苦椎心，怎么能要求他为节义而死！‘李世民说：‘我也后悔问这些话。’

“最高法院院长（大理卿）孙伏伽跟张玄素在隋王朝时，都当管理员（令史），孙伏伽却不在意出身低微，往往在大庭广众中，述说他的往事，毫不避讳。”

很明显，柏杨先生借孙、张二人的故事，告诉我们大丈夫应不以贫鄙出身为耻，就是说，为人必须具有能够包容一切的胆量、胸怀才是真性情、真人物，否则便是小肚鸡肠，成不了大气候也得不到人们衷心的赞赏。

有一篇名叫《器理论》的古文，是专门谈论器量的，其中一段文字尤其精到：“人亦一器也，莫不各有其量，如天地之量，圣贤帝王之效焉。山岳江海之量，公侯卿相之所则焉。古夷齐有容人之大量，孟夫子有浩然之气量，范文正有济世之德量，郭子仪有福量，诸葛武侯有智量，欧阳永叔有才量，吕蒙正有度量，赵子龙有胆量，李德裕有力量，此皆远大之器。”

这段文字翻译过来，意思大概是说：人也是一个器物，各有自己的容量。像天地一样包罗万象的容量，是圣贤帝王所效法的；像山岳江海一样包容万物的容量，是公侯将相所效法的。古代的夷齐有容人的大量，孟子有浩然的气量，范仲淹有济世救民的德量，郭子仪有厚德载物的福量，诸葛亮有神机妙算的智量，欧阳修有谆谆诲人的才量，吕蒙正有含羞忍辱的度量，赵云有力战千军的胆量，李德裕有力拔山兮的力量，这些人都有成大事的器量。

这篇文章还说尽了器量与人生的关系。成功的概率有多大，不用怨天尤人。只看自己的器量大小，能在多大程度上“容天下难容之事”，你就知道自己的事业大小。事业大到超过器量，也有可能，但那并不是一件幸运的事。一个小胃口，硬要塞进一个卡车的东西，哪有不垮掉的呢？古往今来，无数人的经历早就证明了这一点，别说什么自己命运不济别人命运两济之类的话。真正能成大器而且事业长盛不衰者，必然器量过人。

任何一个人的成功，都不是单打独斗的结果，必然包含着别人有意无意的帮助，也包含着别人的宽容和迁就。认识到这个问题，带着感恩之心去做事，心境就豁达了，成功也就更容易了。

像银青光禄大夫，左庶子张玄素被问到出身贫贱后羞愧得心如死灰和大理卿孙伏伽在大庭广众之中侃侃而谈自己给隋做小县令的事情，哪一个更加值得敬佩，哪一个更加能得到领导者的器重，哪一个更有魄力，更有远见，相信已不用再说了。

度量，是人最重要的成功之道。“唯大英雄真本色”，只要你修得洒脱的气质，能抛得下一切，达到“无我”、“空虚”的境界，才能有空间去包容更加伟大的事情。

别让那片乌云遮住你的真性灵心

短视、贪婪，只看见眼前三寸利益，是造成悲剧的一大动力。贾谊说："亡六国者，六国也，非秦也。"事实上绝大多数国家的覆亡，都覆亡在自己手上，岂止六国而已。

——柏杨白话版《资治通鉴·战国时代·公元前三三二年乙丑》

人生最大的苦处就是将利益放在自己所有财富的最显眼的位置，并且，为了它心甘情愿地受到魔鬼的支配，向其奉献出自己的生命和幸福。

柏杨先生总结出了造成悲剧的根源所在，即短视、贪婪、只看见眼前利益。因为目光短浅，看不到将来，所以把眼下的所得当成宝贝，沾沾自喜。殊不知坏事的家伙就是一"贪"字。

见利而忘真性，往往就是祸患的开始。《庄子·山水》有这样的寓言：

庄周到雕陵的栗园游玩，被一只翅膀七尺宽的鹊鸟碰到额头。他就抓起弹弓去撵。

在园中，他看见正得意鸣叫的蝉被螳螂所搏，而螳螂因有所得忘了自己，又被鹊鸟乘机攫取，鹊鸟只顾螳螂也不再注意身后。

庄周就警惕而叹，扔下弹弓回去了。管园子的跟在身后责骂他偷了栗子。

庄子三天闷闷不乐。弟子问他说：

“先生为什么不愉快呢？”

庄子回答说：“我为了守形体忘了祸患，观照浊水反而被清渊迷惑，忘了真性，所以管园子的人辱骂我，因为这才闷闷不乐。”

庄子这则故事告诉我们，欲念是祸患的根源。在求得利益自以为有福降临时，往往也会埋下祸患的根由。一味追求利，不论开始如何得意，最终必自取其辱，自取其祸。

不以物欲追求为目的而保持清静之心态，那么世事的无常及虚幻就会少得多，也不致轻易就动摇心志。即使是在平素的生活中，不对事情期望过高，不对未来做悲观猜想，便可求得心理和谐。与此同理，在得到快乐时不自得，在失意时不悲观绝望，如此才能称之为得到了驾驭生活的智慧和享受生活的智慧。

人生若想乐趣多痛苦少，若想有所发展，有品质地提高其实并不是一件需要煞费苦心的事情。清代石成金曾写过《惺斋十乐》一文，讲人生的十种乐境，这十种乐境正是平和宁静的心情所致，或者说，十种境况也是使心情安宁不至于傻到为欲念撞得头破血流的好办法，不妨一读：

乐于知福。人能知福，即享许多大福。当常自想念，今幸生中国太平之世，兵戈不扰，又幸布衣蔬食，饱暖无灾，此福岂可轻看。反而思之：彼罹灾难困苦饥寒病痛者，何等凄楚。知通此理，即时时快乐矣。

乐于静怡。不必高堂大厦，虽茅檐半室，若能凝神静坐，即是极大快乐。试看名缰利锁，惊风骇浪，不知历无限苦楚。我今安然静怡性情，此乐不小。唯有喜动不喜静之人，虽有好居室、好闲时，才一坐下，即想事务奔忙，乃是生来辛苦之人。未知静怡滋味，又何必强与之言耶？

乐于读书。圣贤经书、举业文章，皆修齐治平之学，人不可不留心精研，以为报国安民之资。但予自恨才疏学浅，年老七十余岁，且多病多忘，如何仍究心于此，尚欲何为乎？目今唯将快乐诗歌文词，如邵子（北宋哲学家邵雍）、乐天（唐代诗人白居易）、太白（唐代诗人李白）、放翁（宋代诗人陆游）诸书，每日熟读吟咏，开畅心怀而已。又将旧日读记之得意书文，重新诵理，恍与圣贤重相晤对，复领嘉训，乐何如耶。

乐于饮酒。予性喜饮酒，耐酒量甚小。每至四五杯，则熙熙嗥嗥，满体皆春，乐莫大焉。凡酒不可夜饮，亦不可过醉——宵旦昏沉不知其乐，且有伤脏腑也。

乐于赏花。观一切种植之花，须观其各有生动活泼之机，袅袅娇媚之态，不必限定牡丹、芍药之珍贵者。随便各种草本、木本之花，或有香，或有色，或有态度，皆为妙品。但有遇即赏，切勿辜此秀色清芳也。

乐于玩月。凡有月时，将心中一切事务尽行抛开，或持杯相对，或静坐清玩，或独自浩歌，或邀客同吟。此时心骨俱清，恍如濯魄水壶、置身广寒宫矣，此乐何极。想世人多值酣梦，听月自来自去，甚可惜哉。

乐于观画。画以山水为最，可集名画几幅，不必繁多，只要入神妙品。但须赏鉴之人，细观画内有可居可游之地，心领神怡，将予幻身恍入画中，享乐无尽。不独沧海凄然，移我性情也。

乐于扫地。斋中扫地，不可委之童仆，必须亲为。当摸箕执帚之时，即思此地非他，乃我之方寸地也。此尘埃非他，乃我沉昏俗垢也。一举手之劳，尘去垢除，顿还我本来清净面目矣。迨扫完静坐，自觉心地与斋地俱皆清爽，何乐如之。

乐于狂歌。凡乐心词曲诗歌，熟读胸次。每当诵读之余，或饮至半酣之时，即信口狂歌，高低任意不拘，调不按谱，唯觉我心胸开朗，乐自天来，真不知身在尘凡也。

乐于高卧。睡有三害，曰思，曰饱，曰风。睡而思虑，损神百倍；饭后即睡，停食病生；睡则腠理不密，风寒易入，大则中厥，小亦感冒。除此三害，日日时时，俱可享受羲皇之乐。不拘昼夜，静卧榻上，任我转侧伸舒，但觉身心快乐，不减渊明之得意也。

这篇文章真可说得乐中三昧。人生苦短，当珍惜生活中的若干美好，何苦让眼前的三寸利益遮住了自己的真性灵心呢？

生活在你的指间流动

人和人最怕比较，一比较便不可收拾。

——柏杨《五个问题》

就像九大行星都要围着太阳不知疲倦地旋转一样，每个人的生活都会画出各自不同的轨迹。但是人心总是难以满足的，人们为了争取到谁更能离太阳近一些而奋斗着、搏斗着，然后陨落着。而跟着一起消失的，是平静的生活、安乐的心境、健康的身体，是人与人之间那最后一抹真情。

比较生虚荣，虚荣生憎恨，憎恨生毁灭。

生活在你的指尖流动，是凄厉，是恬静，全看你自愿去触摸哪一个音符。

在现实生活中，我们总把他人当做超越的对象，总希望过得比别人好，总拿别人当参照物，似乎没有别人便感觉不到自身存在的价值。于是乎，工作上要和同事比，比工资，比资格，比权力；生活上要和邻居比，比住房，比穿着，比老婆，就连孩子也不能放过，也成了比的牺牲品，“我的孩子在班里学习第一名，比你的儿子强”，扬扬得意者说。既然是比，自然要比出个高下。比别人强者，趾高气扬，夜郎自大；不如别人者便想着法子超过他，实在超不过便拉别人后腿，连后腿也拉不住者便要承受自卑心理的煎熬。

事实上，“天外有天，人外有人”，我们不可能在任何方面都比别人强，都胜过别人。太要面子的人，一味与强于自己的人比，结果由于心灵的弦绷得太紧了，损耗精神，很难有大的作为。

雨果在《悲惨世界》中说：“全人类的充沛精力要是都集中在一个人的头颅里，全世界要是都萃集于一个人的脑子里，那种状况，如果延续下去，就会是文明的末日。”俗话说：“闻道有先后，术业有专攻。”每个人都有自己的特长，也都有自己的短处，一个人只要在自己从事的专业领域中有所成就便不虚此生。每个人在这个世界上都具有独一无二的价值，就像人的手指，有大有小，有长有短，它们各有各的用处，各有各的美丽，你能说大拇指就比小拇指好吗？

分析人之所以乐攀比不疲的原因，实际上还是一个面子问题。

人生在世，但凡是个正常的人，多多少少都有些虚荣，虚荣本来无可厚非，但虚荣过火之时便是让人讨厌之时。这攀比就是因过度虚荣而表现出来的一种让人讨厌的性格特征。

柏杨先生说，人一比较起来，便一发不可收拾。盖它对人生有许多坏处。

其一，让人喜怒无常，神经受损。攀比之后，胜了别人，立刻情绪高涨，自大狂妄，以为天下唯有我是最了不起的；可是比得过甲，不见得比得过乙，不如乙的时候立刻情绪低落，感觉脸上无光，一点面子没有，恨不得找个缝隙自己钻进去。

其二，太伤感情。人在社会中，必须与他人交往，如果你在群体中不是去攀比甲，就是攀比乙，在攀比之中会伤害和你交往的对象。比得过，你便轻蔑别人，看不起别人，从而不尊重别人，别人只能对你不置可否；比不过的，你会满含妒意，或造谣、或诬陷，对人用尽一切诋毁之手段，同样会伤害别人的感情，破坏良好的交际关系。

其三，过分攀比会使一个人走上不归路。当你想尽一切办法去扩大自己的财富，提高自己的名声时，当你所使用的手段不是那么正大光明时，比如你通过贪污挪用、行贿受贿来扩大自己的财富，好去虚荣地攀比，那么总有一天你会锒铛入狱的。

有很多人并不认为自己是攀比，而认为自己的花钱多、购物多、上档次、穿名牌、玩掌上电脑是讲究生活品质，自诩自己的那些一掷千金、一掷万金的举动是“为了追求生活品质!”、“为了讲究生活品质!”实际上，那些真正讲究生活品质的人并不是体现在表面上，也不是纯粹表现在物质这个浅层次上，“讲究生活品质”只不过是为自己肤浅的攀比行为打掩护。你只要在镜中照一下自己眼角的那处不屑、那处自满，你就会明白“生活质量”不过是攀比、炫耀的代名词！事实上，这只不过是失去了求好的精神，而将心灵、目光专注于物质欲望的满足上。在一个失去求好精神的社会中，人们误以为摆阔、奢侈、浪费就是生活品质，逐渐失去了生活品质的实质，进而使人们失去对生活品质的判断力，攀比着追逐名牌，追逐金钱，追逐各种欲望的满足。

其实，最好还是不与人比，做好你自己。每个人都有自己的生活方式，有自己存在的价值和理由，干什么要和别人比呢？如果心里难受，实在要比的话，倒不如把自己当做竞争对手，和自己比。今天和自己的昨天比，明天和今天比，一天比一天充实，一年比一年长进。这样既不会招惹是非恩怨，自己还能更上一层楼，岂非自求多福？

如果一天到晚只与别人攀来比去，你最后除了虚荣的满足或失望之外，还剩下什么？有没有意义？是徒增烦恼还是有所收获？最后思考的结果即毫无意义。

真正的潇洒生活，是回到自我，清楚地衡量自己的能力与条件，在这有限的条件下追求最好的事物与生活。生活品质是因长久培养了求好的精神，从而有自信、丰富的内心世界；在外可以依靠敏感的直觉找到生活中最好的东西，在内则能居陋巷、饮粗茶、吃淡饭而依然创造愉悦多元的心灵空间。

做事需灵活，固执终懊悔

杨广五十岁，当了十五年的皇帝，他的故事使人想到一则寓言：一个农夫牵着一头驴子走过悬崖，牵它靠里面一点，驴子坚决不肯，越向外挣扎，终于跌下深谷，粉身碎骨。农夫探头说："你胜利了。"

——柏杨《柏杨品杨广》

柏杨先生不止在一篇文章里提到了这个问题：当一个人被尊宠得不知天高地厚的时候，大概就忘了自己也是从受尽艰辛十月怀胎的母亲肚子里孕育出来的，而是觉得从来都没有小过，也不会老，是天生玉皇大帝驾临凡世。他坚定不移地认为自己是普天下唯一尊贵的动物，所有的事情都归他这个老大一个人管，想不唯我独尊、想不固执都难。然后也免不了乱讲原则的情况，像那头驴子一样，迟早都是要掉进悬崖的。

对一个出色掌握语言艺术的人来说，仅仅学会完美地表达自己的思想还是不够的。更重要的是，他需要学会与别人交流，并且要通过这样交流来达到自己的目的——这种目的可能是希望对方要你的货，可能是希望对方对你目前的处境表示理解与同情，可能是要对方同意你的看法，也可能是希望对方提升你的职位。但无论这些目的能否达到，你都要注意一些更为一般的原则。用最简单的话来说，这种一般的原则是：在谈话过程中要尊重别人——从他的人格到判断力与智慧，不要引起对方的不快，哪怕是轻微的不满，更不用说怨恨了；无论这次谈话的目的是否达到，都要给对方留下好的印象，以利于下一次合作，不因为一时的分歧而伤害长期的友谊与合作。

星期六上午，一个小男孩在他的玩具沙箱里玩耍。沙箱里有他的一些玩具小汽车、敞篷货车、塑料水桶和一把亮闪闪的塑料铲子。在松软的沙堆上修筑公路和隧道时，他在沙箱的中部发现一大块的岩石。小家伙开始挖掘岩石周围的沙子，企图把它从泥沙中弄出去。他是个很小的小男孩，这块岩石对于他而言显然可以称得上是巨大的了。手脚并用，似乎没有费太大的力气，岩石便被他连推带滚地弄到了沙箱的边缘。不过，这时他才发现，他无法把岩石向上滚动，翻过沙箱边墙。小男孩下定决心，手推、肩挤、左摇右晃，一次又一次地向岩石发起冲击，可是，每当他刚刚觉得取得了一些进展的时候，岩石便滑脱了，重新掉进沙箱。小男孩急得哼哼直叫，拼出吃奶的力气猛推猛挤。但是，他得到的唯一回报便是岩石再次滚落回来，还砸伤了他的手指。最后，他伤心地哭了起来。这整个过程男孩的父亲从起居室的窗户里看得一清二楚。当泪珠滚过孩子的面颊时，父亲走到他跟前，温和而坚定地说：“儿子，你为什么不用上所有的力量呢?”垂头丧气的小男孩抽泣道：“但是我已经用尽全力了，爸爸，我已经尽力了！我用尽了我所有的力量!”“不对，儿子，”父亲亲切地纠正道，“你并没有用尽你所有的力量。你没有请求我的帮助。”父亲弯下腰，抱起岩石，将岩石搬出了沙箱。

面对困难，抱着顽强、执著的态度和信念没有错，但并非只能是抱着顽强和执著。尺有所短，寸有所长，当遇到自己能力所办不到的事时，何不抛弃一点点过多的固执，去借用亲朋好友的力量呢？你解决不了的问题，对你的亲人或朋友来说或许就是轻而易举的。记住，他们也是你的资源和力量。

春秋时期，晋国国君晋灵公，奢侈腐化，不惜民力。有一年他下令兴建一座九层的高台。这需要大量的人力物力，无疑会给老百姓造成沉重的负担，使国力衰竭。因此，大臣和老百姓都反对建九层高台。但是晋灵公固执己见，并且在朝堂上严厉地对大臣说："敢有劝阻建高台的，立即斩首！"气氛十分紧张。一些想保全身家性命的大臣，都吓得噤若寒蝉，谁也不敢说反对的话！

这时，有个叫孙息的大臣求见晋灵公。君臣见面后，孙息对灵公说："我能把九个棋子堆在一起，上面还能放上九个鸡蛋。"晋灵公听到这事十分新鲜，不相信孙息会有这么高的技艺，但是又急于一饱眼福。他说："我从未听过和见过这种事，今天就请你给我摆摆看！"孙息当然清楚，如果国君认为是欺骗了他，就会有杀头的危险。当晋灵公叫人拿来棋子和鸡蛋，孙息便动手摆了起来。他先是小心翼翼地把九个棋子堆了起来，然后又小心地将鸡蛋放置在棋子上。只见他放上一个鸡蛋，又放第二个，第三个……战战兢兢，如履薄冰。这时屋里的气氛十分紧张、沉寂，只能听到鸡蛋碰到棋子的声音，围观的大臣们屏住呼吸，生怕鸡蛋落下来。孙息也紧张得额头冒汗。晋灵公看到这情景，实在耐不住了，上气不接下气地说："危险！危险！"晋灵公刚说完"危险"，孙息就从容不迫地说："我倒感觉这算不了什么危险，还有比这更危险的呢！""啊！"灵公惊讶地问道："有什么比这更危险的呢？"孙息手里握着正要置放的鸡蛋，慢条斯理地说："建九层高台比这更危险，三年都不一定建得成，这三年之中，要征用全国的壮丁劳役，男不得耕，女不得织，国库空虚，户口减少，逼得人民活不下去，就会逃亡、谋反。邻国见我国弱民穷，就会兴兵犯境；如果国家灭亡了，大王您自己也就完了。这能说比不上摆棋子鸡蛋更危险吗?”灵公听到十分合理又十分可怕的警告，不由得吓出一身冷汗，对孙息说：“搞九层之台，是我的过错。”立即命令停建正在施工中的九层之台。下属有了某些合理的想法或者明了某一客观事实，如可能触犯上级，最好用含蓄地兜圈子的方式向上级提出来。

人的思维具有惯性，当我们朝一个方向思考问题时，就会倾向于一直考虑下去。所以，当我们希望别人同意自己的意见时，要从对方所同意的观点开始。哈理·奥维基博士认为，“不”的反应是最难克服的观点。他指出一个人开始说“不”字后，就形成了一道心理防线。人那本性的自尊会迫使你继续坚持下去。即使他已意识到自己的错误，但也很难放弃自尊，而是继续固执下去。所以，在开始谈话时，最关键的是先说一些对方认可的事情，这样对方就不会那么抵触自己。这就像撞球一样，顺着球的方向打，更容易进球；要它弹回来，就要花费更大的力气。纽约市格林威治储蓄银行的职员詹姆士·爱伯森就曾经从对方的观点入手，为自己留住了一个客户。有个年轻人在爱伯森供职的银行开了个账户，爱伯森让他填写一份例行的表格，但他却拒绝填写表格上的某些方面的资料。如果爱伯森不懂得这个技巧，一定会像以前那样告诉他，如果他拒绝填表格中的任何一项，按银行规定，是不能给他开户的。

那天，爱伯森决定不谈银行的规定，决定用让他说“是”的方法来按要求填写资料。于是爱伯森问他：假设在你去世的时候，银行是否有责任把这些钱转到你的继承亲友那里呢？他作了肯定的回答。爱伯森继续说，如果她们知道了你最亲近的亲属的名字，是不是很方便呢？如果你去世了，她们就能迅速及时准确地找到他了，对吗？对方又作了肯定的回答。这时，年轻人的态度已经缓和下来，因为他知道了表格中的这些资料，并不是为银行而留，而是为了他个人的利益。最后，他不仅填完了表格，而且在爱伯森的建议下，另开了一个账户，并指定了他的母亲为法定受益人。当然他很配合地回答了他母亲的所有资料。

当我们与别人讨论问题的时候，从对方的观点开始，能够迅速拉近彼此的距离，得到对方的接纳和认可，从而轻松地解决问题，达成共识。反之，如果一开始就是争执，那么在紧张而抵触的情绪当中，则很难达到自己的目标。

固执自己见解的人，会不明白事理；自以为是的人，不会通达情理；自傲者，不会获得成功；自夸的人，他所得到的一切都不会保持长久。

在逆境中战胜苦难

> 面对人生顺境或逆境时所持的心态，远比任何事都来得重要。这一代最伟大的发现是，人类若改变本身的心态，就能使生活本身发生变革。
>
> ——柏杨《威廉·詹姆斯》

柏杨曾说过，如果没有那九年的监狱生活，他一生中不可能有那样多的时间去读《资治通鉴》，因为每天要分心去应付许多事情。从这个角度来讲，逆境变成了造就柏杨的契机。

生活中渴望成功的人很多，对于这些人来说他们并不是没有机会，也并不是没有资本，他们缺乏的往往是成功最需要的意志力，对于一些困难往往缺乏“挺住”精神，因此他们输掉了人生、输掉了事业。生活中会遇到各种困难和烦恼，如果你不能战胜它，那它就会总是如影随形，来左右你的生活，使你不能从过去失败的阴影中走出来，去迎接美好的明天。

“困难像弹簧，你弱它就强。”著名诗人里尔克曾经说过“有何胜利可言，挺住便是一切”。是的“挺住”便能拥有一切——人生就好比一场拳击比赛，充满了躲闪与出拳，如果足够幸运，只需一次机会、一记重拳而已，但首要的条件是你必须得顽强地站着，这就是“挺住”精神。那些渴望成功而又意志力薄弱的人应该时刻对自己说：“无论如何，我都要挺住！”特别是在面对人生的困境时。

困难与挫折其实是上天故意安排来考验我们的。戴高乐曾经说过：“挫折，特别吸引坚强的人。因为他只有在拥抱挫折时，才会真正认识自己。”也许你的失败是因为你要获得成功还需要更多的东西。

通常成功之路并非一帆风顺，有失才有得，只要我们拥有积极的心态去努力拼搏，就不会被挫折打倒。其实，谁都有面临困难与逆境的时候，关键是看我们怎样处理。有些人在逆境中消极失落，做一个永远的失败者；而有些人却能够积极地面对逆境，冲出重围，走向成功。

既然逆境是不能避免的，那就让我们从逆境中找到动力吧，让这股动力将我们推向成功。我们应该将逆境视为成功的预兆。就让我们永远铭记一位西方哲学家的话：“困难与挫折其实是上天故意安排来考验我们的，其实，它就是成功的化身，成功与失败把握在我们自己手中。”

时运不济，作为人生旅途中的一段灰暗路程，人人都可能遇到，只不过有些人遭遇的时间短一些，有些人遭遇的时间长一些。然而，一辈子都没有受过挫折的人是很少的。

拿破仑·希尔曾经指出：因为下面这三个原因，失败往往能够转化为成功的基石。第一，失败可以打开新的机遇大门，迎来新的人生机会；第二，失败可以给骄傲的人注入一针清醒剂；第三，失败可以使人知道什么方法是错误的，而成功又需要什么样的方法。

基于上面三个原因，我们应该知道，失败带来的逆境并非都是坏事。只要我们在逆境中找到动力，对我们获得成功是很有帮助的。

困难就是机会，危机就是转机。一个人不敢向高难度的工作挑战，是对自己潜能的画地为牢，这样只能使自己无限的潜能化为有限的成就。

每个人在一生中都在不断地面对“难题”或“问题”，从小到大，每个人都会经历过困难，失败者有失败者的问题，成功者有成功者的问题。而成功者所遇到的问题，绝对比失败者的问题多。

成功者与失败者之间最大的差别，就在于解决和处理难题的能力以及当遇到难题时所保持的态度，而不同的面对难题的态度，会造成不同的解决难题的能力。许多人在朝着目标或愿望行进的过程中，将所遇到的难题当做是他们成功的绊脚石。事实上，你在成功过程中遇到的各种难题不仅不是绊脚石，而且是达到目标的阶梯。当难题出现时，许多人的第一反应就是摆脱这些绊脚石，或希望一脚把它踢开，或是视而不见的一脚跨过，但问题是你真能摆脱掉吗？当难题来临时，我们必须正视它。难题发生的原因为何？找出它背后的原因并加以解决，若不去处理，只会产生更大的难题；若将难题当做一个怪兽去消灭，那么在这个怪兽还未长大时消灭它。

爱迪生在1877年开始了改革弧光灯的试验，提出了变弧光灯为白光灯，要搞分电流。这项试验要达到满意的程度，必须找到一种能燃烧到白热的物质来做灯丝，这种灯丝要经得住热度2000℃、时间1000小时以上的燃烧。同时用法要简单，能经受日常使用的击碰，要使一个灯的明和灭不影响另外任何一个灯的明和灭，保持每个灯的相对独立性。为了选择这种做灯，价格还要低廉。这在当时是很大胆的设想，需要下很大的工夫去探索，去试验。

灯丝用的物质，爱迪生先是用炭化物质做试验，结果失败了。后来，他又以金属铂与铱高熔点合金做灯丝试验，还做过上质矿石和矿苗共1600种不同的试验，结果都失败了。但这时他和他的助手们已取得了很大进展，已知道白热灯丝必须密封在一个高度真空玻璃球内，而不易融掉的道理。这样，他的试验又回到炭质灯丝上来了。他昼夜不息，每天清早三四点的时候，他才头枕两三本书，躺在试验用的桌子下面睡觉。有时他一天在凳子上睡三四次，每次只半小时。他每天的工作时间，通常是十八九个小时。他的试验笔记簿多达200多本，共计四万余页。

到了1881年，爱迪生的白热灯试验仍无结果，助手们也灰心了。有一天，他把试验室里的一把芭蕉扇边上缚着一条竹丝撕成细丝，经炭化后做成一根灯丝，结果这一次比以前做的种种试验都优异，这便是爱迪生最早发明的白热电灯——竹丝电灯。这种竹丝电灯继续了好多年，一直到1908年用钨做灯丝后才代替它。爱迪生在这以后开始研制的碱性蓄电池，困难很大，他的钻研精神，更是十分惊人。这种蓄电池是用来供给原动力的。他和一个助手苦心孤诣地研究了近十年的时间，经历了许许多多的艰辛与失败，一会儿他以为走到目的地了，一会儿又知道错了。但爱迪生从来没有动摇过，而是再重新开始。大约经过五万次的试验，写成试验笔记一百五十多本，方才实现了目的。

爱迪生之所以能够取得成功，正是由于他有一种迎难而上的精神。如果在困难面前退缩了，他也是不会获得成功的。

人的能力在一般情况下，只发挥了很少一部分，而在超越现实，挑战极限的过程中，几乎会全部发挥出来。就像是一个处于潜伏期的活火山，一旦足够的信念诱使其喷发，必将势不可挡，创造出事业和成功的巅峰。

在通往成功的路上，一个绝境就是一次挑战，如果你不是被吓倒，而是奋力一搏，也许你会因此而创造超越自我的奇迹。

给自己一个夸大的理由，解释目前的失败或不幸，肯定自己的存在，接纳失意的自己。如此一来，积极心态便会开始发生作用了。

大部分的人都喜欢听他人谈成功的经验和实例，而忘了问失败的关键。软弱的人在听过别人的成功之后，都会自叹弗如，觉得自己不如人，致使自卑感更加的深重。

原本每个人都不愿意承认自己过去的失败，但成功者不同，他们现在的成功都是奠基于过去的失败，而且目前的成功是他们感到骄傲的，所以对自己的失败也并不回避，以此让别人了解他的努力。因此，不要以为自己在揭人疮疤而不敢问，要大胆地向对方讨教。

向充满信心的成功者请教失败的经验，同时也要知道他们以何种方法来克服失败。在听了他们的谈话之后，你会发觉：他们现在成功了，但从前亦有黯淡、失败的时刻。了解了这一点，便不会觉得自己处处不如人，自卑感也会随之减轻而产生信心，且内在的精神力量也会高扬。从他们的失败经验中，你可以找到正确方向，避免出现相同的失误，不致徒劳无功，真可以说是一举数得。

绝处逢生后，就可以使我知道困难没什么了不起。

你应该相信，风浪后面将是平静的海洋，坎坷后面将是平坦的大道。成功和失败都不是一夜造成的，而是一步一步积累的结果。

从某种意义上讲，人生目标的实现不在于处在什么样的环境下，而只要你抱定一个理想，不断地去努力争取，总有一天会如愿以偿的。

我们每个人必须对人生道路上的曲折和困难有充分的认识和思想准备。由于人们世界观的差异、认识水平的不同以及所处的客观环境的不同，形成了各自独特的人生之路。但是不管人们的生活道路有何不同，有一点却是共同的，绝对笔直而又平坦的人生路是不存在的。所以，人生道路的延伸也是直线和曲线的辩证统一。一个人今天行走在直路上，明天则可能走在弯路上。你在遇到困难和身处逆境时，不要茫然不知所措、灰心丧气，也不应因一时的挫折而轻言放弃。

成功不是将来才有的，而是从决定去做的那一刻起持续累积而成。就像如果你曾经不是一只蛹，怎么能渴望你成为一只蝶？如果你希望成功，就要以恒心为良友，以经验为参谋，以小心为兄弟，以希望为哨兵。好好经营他们，终将会达到质的升华。